KB037914

지식채널 × **1인용 인생 계획**

지식채널

×

1인용
인생 계획

지식채널 ⓔ 제작팀 지음

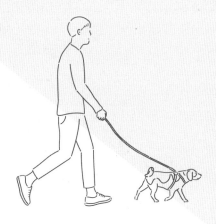

EBS
BOOKS

SINGLE LIFE

그들 각자의 시간
ON AIR 20200217

열심히 걸어도 쫓기고
열심히 뛰어도 쫓기고
마치 이력서 같은 인생.

취업 28세
결혼 30세
내 집 마련 35세…….

시간은
태어나는 순간부터 눈감는 순간까지
인간 존재를 규정한다.

하지만
서로 다른 시간대에 살고 있을 뿐
앞서가고 뒤처지는 문제는 아닐지 모른다.
어떤 스물, 어떤 서른, 어떤 마흔, 어떤 쉰……

누군가는 시간을 바람이라 했다.
바람이 지나면
모래알은 새로운 모습으로 누워
다시 살아갈 것이다.

그들 각자의 시간을……

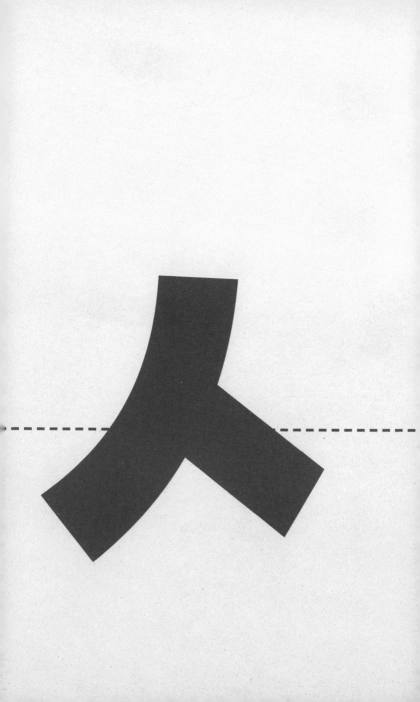

싱글의 이유

1

"이제 그만……

독립해야겠다!"

나
혼자
산다

누구의 '무엇'도 아닌 '나'로 살기

차려주는 밥, 따뜻한 잠자리, 생활비 걱정 없는 나날을
박차고, 17년 함께 산 아들네를 향한 71세 김명자 할머니의
폭탄선언! "이제 그만…… 독립해야겠다!"

"어차피 1년도 못 버티고 다시 들어오실 거예요", "아들
집에서 나오시는 거면 독립이 아니라 분가지요"라는
주변의 만류에도 보란 듯이 자발적 독립을 선택한 할머니.
며느리에게 물려받은 조촐한 살림살이로 파주 어느 한적한
동네에 얻은 조그마한 방은 할머니의 작업실이자 독립의
상징이다.

할머니는 자신의 공간에 있는 조그만 책상 위에서 매일매일 독립일기를 쓴다.

잠 못 드는 밤, '다들 자겠지?' 하며 다른 식구 눈치 보는 일 없이 거실 불을 켠다. 입맛 없는 아침, '그래도 차린 사람 성의를 봐서……' 먹던 밥도 과감히 생략한다. 취향에 맞춰 나만의 공간도 꾸민다. 혼자 잠자고, 혼자 밥 먹고, 혼자 논다. 그리고 혼자 산다.

대가족 집안의 여자아이라서, 엄한 시부모 아래 며느리라서, 아들네 얹혀사는 혼자된 어머니라서 너무 오래 미뤄온 일들. 그러나 죽기 전에는 꼭 한번 해보고 싶었던 '독립' 그리고 계속 채워지는 버킷 리스트. 내 이름으로 책 내기, 궁상떨지 않고 공주처럼 살아보기, 남자 사람 친구와 데이트, 한 사람도 빠짐없이 가족 여행, 미술 개인전 열기…….

30여 년 전 남편을 먼저 저세상으로 보내고 홀로 자식 셋을 키워낸 할머니. 눈 깜짝할 새 자녀들이 품을 떠나고 다시 서로를 필요로 하는 긴 시간을 지나 독립을 결심한 할머니는 이제 '누구의 딸, 누구의 며느리, 누구의 아내, 누구의 엄마, 누구의 할머니'도 아닌 '김명자, 나'로 산다.

다양한 세대의 1인 가구

70대에 독립을 선언한 김명자 할머니. 이제 혼자 사는 것은 젊은 세대만의 전유물이 아니다. 어떤 사람들은 혼자 산다고 하면 매력적이고 젊은 '화려한 싱글'을, 또 어떤 사람들은 결혼하지 못한 노총각이나 노처녀, 돌아온 싱글, 기러기 아빠, 고독사로 발견된 독거노인 등을 떠올릴지도 모른다. 자기 의지로 혼자 사는 삶을 선택한 사람도 많지만, 그보다 훨씬 많은 사람이 '어쩌다 보니' 혼자 살게 된다. 이제 혼자 사는 것은 인생의 한때가 아닌 삶의 모든 단계에서 발생할 수 있는 전 생애적 현상이다.

2019년 통계청이 발표한 인구주택총조사도 이를 반증한다. 전체 1인 가구 가운데 20~30대 청년층이 차지하는 비중은 39퍼센트, 40~50대 중년층 30.5퍼센트, 고령층 33.6퍼센트로 세대 간 차이가 크지 않다. 2000~2019년 연령대별 1인 가구 비중의 변화를 살펴보면, 과거 1인 가구의 대표격이던 청년층의 비중이 줄고 중년층과 노년층이 눈에 띄게 증가했다(청년층 43.9퍼센트→39퍼센트, 중년층 24.3퍼센트→30.5퍼센트, 노년층 31.8퍼센트→33.6퍼센트). 또 만혼이나 비혼을 선택하는 중년 미혼 1인 가구의 증가세도 두드러진다. 전체 미혼 1인 가구는 2000년 95만 7,000가구에서 2015년 228만 4,000가구로 139퍼센트 증가했는데, 같은 기간 40~50대 중년 1인 가구는 10만 4,000가구에서 61만 7,000가구로 495퍼센트 증가했다. 청년 1인 가구는 미혼, 중년 1인 가구는 이혼, 노년 1인 가구는 사별이라는 공식도 깨지고 있다.

대도시에 사는 1인 가구는 세대별 몇 가지 두드러진 양상을 보인다. 20~30대 초반 안정적인 직장을 구하지 못해 결혼할 엄두를 내지 못하는 소위 '취준생 그룹', 30대 후반부터 40~50대까지 가족의 해체, 실직, 기러기 가족 현상 등이 복합되어 혼자 살게 된 '불안한 독신자 그룹', 사별이나 이혼 또는 가족의 분가로 혼자가 된 '고령자 독거 그룹', 그리고 '화려한 싱글'로 대변되는 '자발적 독신자 그룹' 등이다. 20대에 학교나 직장 때문에 비자발적으로 시작된 '자취'는 30대에 이르러 점점 혼자 사는 게 편해서 자발적 '독립'으로 이어지는 경우가 많다. 또 40~50대에는 나이가 들어 자연스럽게 혼자 살게 되거나 직장이나 이혼, 사별, 교육 문제 또는 자녀의 분가 등으로 다시 비자발적 1인 가구가 되는 경우가 늘고 있다. 사람들은 이제 혼자 사는 것을 특별한 과정이라기보다는 자연스러운 인생의 흐름으로 받아들인다.

2019년 기준 우리나라의 1인 가구는 614만 8,000가구로 전체 가구의 30.2퍼센트를 차지했는데 1990년 9퍼센트, 2000년 15.5퍼센트에 불과했던 것에 비춰 보면 엄청난 속도로 증가했다. 불과

몇십 년 사이에 일어난 1인 가구의 급속한 증가 이유는 여러 곳에서 찾을 수 있다. 여성의 경제활동 증가, 사회 전반의 비혼과 만혼 현상, 청년층의 늦어진 노동시장 진입, 교육을 위한 기러기 가족 현상, 중장년층의 이혼율 증가, 인구 감소와 고령화에 따른 노인 가구 증가, 도시화와 개인주의, 산업화와 직업생태 변화, 통신기술의 발달 등 다양한 요인이 복합적으로 얽히면서 나타난 결과일 것이다.

1인 가구의 장점과 단점

'화려한 싱글'과 '노년의 고독사' 사이에는 혼자 사는 삶에 대한 다양한 이미지가 가로놓여 있다. '자유롭고 편안한' 삶을 위해 1인 가구가 되었지만 때로 '외롭고 우울한' 감정이 따라오기도 한다. 1인 가구 스스로는 '자유로운/외로운', '편안한/우울한', '여유로운/초라한'과 같은 수많은 긍정과 부정의 감정 사이에서 어떤 자아상을 선택할까? 혼자 사는 삶은 자유롭지만 그에 따르는 장애물도 만만찮다.

혼자 산다고 해서
고립적이고 폐쇄적인
삶을 사는 것은
아니며
1인 가구의 증가를
가족이나 공동체의
해체로 볼 수도 없다.

우리나라 1인 가구의 약 60퍼센트는 학교나 직장을 이유로 비자발적 독립생활을 시작하는데 20대와 50대에서 이런 경향이 두드러진다. 또 여성은 '혼자 사는 게 편해서', '독립해 혼자 살고 싶어서'와 같은 이유에서 자발적으로 혼자 사는 경우가 남성보다 많다(KB금융지주 경영연구소, 「한국 1인 가구 보고서」, 2019). 자발적이든 비자발적이든 생활 전반에서 1인 가구의 만족감은 높은 편으로 대다수가 '자유로운 생활과 의사결정', '혼자 쓰는 공간', '혼자만의 여가 생활'에 만족도가 높았다. 반면 경제적 만족도는 낮은데, 20대 여성 1인 가구가 느끼는 경제적 만족도가 가장 낮아 경제적 만족도가 가장 높은 40대 남성과 대조를 이룬다. 그 밖에 직장이나 학업에 몰입할 수 있다거나 가족 부양에 따른 책임이 없다는 점, 가사 등 집안일이 적은 것도 혼자 사는 삶의 장점으로 꼽혔다. 그래서 이들은 자신의 관심에 몰두하며 자기만족을 위해 소비하고, 다른 지출을 줄여서라도 여가와 취미 활동을 즐기며 넓은 인맥보다는 가까운 사람과 깊게 사귀는 것을 추구하는 편이다.

한편 1인 가구의 가장 큰 걱정거리는 '경제활동의 지속력'이다. 그다음으로 '외로움과 같은 심리적 안정', 앞으로의 '건강 문제' 등을 걱정한다. 성별에 따라 여성은 주거 침입이나 도난·절도와 같은 '안전·위험 요소'에 대한 걱정이 상당하며, 다양한 응급 상황에서의 대처나 주거환경 수리, 집 구하기도 어렵다고 느낀다. 남성의 경우 '외로움'과 같은 감정 문제와 '청소·식사' 같은 가사 문제로 어려움을 토로하는 경우가 많다.

흔히 "능력 있으면 혼자 사는 게 좋다"고들 말한다. 이 말은 어쩌면 남편이나 부인, 아버지와 어머니, 아들과 딸 같은 여러 사회적 역할을 지고 사는 삶에 지쳤다는 의미일지도 모른다. 역할 밀도로 인한 스트레스가 강할수록 '나'답게 살 수 있는, 자기밀도로 채워진 혼자만의 삶이 낙원으로 다가오기도 한다. 자신에 대해 민감한 촉수를 지닌 개인이 증가하고 있다. 가족과 개인의 이익이 상충할 때 가족을 위해 자신을 희생하던 시대는 지나갔다. 혼자 산다고 해서 고립적이고 폐쇄적인 삶을 사는 것은 아니며, 1인 가구의 증가를 가족이나 공동체의 해체로 볼 수도 없다. 우리 사회는 이제 가족이 아닌 한 명 한 명의 개인으로 그 중심이 빠르게 이동하고 있을 뿐이다.

/ 장우진

참고 자료

김명자, 『할머니 독립만세』, 소동, 2018 | 노명우, 『혼자 산다는 것에 대하여』, 사월의책, 2013 | 후지모리 가츠히코, 『1인 가구 사회』, 김수홍 옮김, 유재상 감수, 나남, 2018 | 이상화, 『나 혼자도 잘 산다』, 시그널북스, 2013 | 서정렬, 『1인 가구』, 커뮤니케이션북스, 2017 | 엘리야킴 키슬레브, 『혼자 살아도 괜찮아』, 박선영 옮김, 비잉, 2020 | 정인·강서진, 『2019 한국 1인 가구 보고서』, KB금융지주 경영연구소 1인 가구 연구센터, 2019 | 『인구총조사에 나타난 1인 가구의 현황 및 특성』, 통계청, 2018년 9월 28일 | 변미리, 『1인 가구의 삶의 질』, 통계청 통계개발원, 2019 | 강은나, 이민홍, 『우리나라 세대별 1인 가구 현황과 정책과제』, 보건복지포럼, 2016 | 성창훈, 『1인 가구의 증가와 정책대응』, 산업연구원, 2020년 2월 20일 | 『1인 가구를 위한 임대주택』, 기획재정부, 2019년 9월 3일

1인 가구의 '주거 독립'을 위한 임대주택

독립을 위해 가장 필요한 것은 집이다. 1인 가구가 늘면서 이들을 위해 저렴하게 공급되는 임대주택이 늘고 있다. 장단점과 입주 조건이 다양하니 자신에게 알맞은 유형을 찾아 활용하자.

① **행복주택** 국토교통부와 한국토지주택공사가 대학생, 사회초년생, 신혼부부 등을 위해 대중교통이 편리한 직주근접(직장과 주거가 가까운) 부지를 활용해 저렴하게 공급하는 임대주택이다. 저렴한 임대료로 최소 6년에서 최대 10년까지 장기 거주가 가능하다. 전국에 공급되며 자세한 정보는 한국토지주택공사 홈페이지에서 확인할 수 있다.

② **도시형생활주택** 1~2인 가구의 주거 안정을 위해 서울주택도시공사가 공급하는 도시형생활주택으로 연립주택, 다세대주택, 원룸형이 있다. 서울시에 거주하는 1인 가구 무주택 세대주 중 입주 조건을 충족하는 경우 신청할 수 있으며 신혼부부도 가능하다.

③ **두레주택** 서울주택도시공사가 공급하는 수요자 맞춤형 임대주택으로 주방이나 거실 등 일부를 다른 세대와 공유하면서 살아가는 셰어하우스형 임대주택이다.

④ **청년협동조합형 공공주택** 서울에 거주하는 만 19세 이상 만 35세 이하의 자립 기반이 취약한 청년을 대상으로 제공되는 공공주택이다. 주거 공간 외에 별도의 커뮤니티 공간이 제공된다.

⑤ **희망하우징** 서울주택도시공사에서 매입, 건설한 다가구, 다세대주택 또는 원룸을 1인 가구에게 공급하는 주거시설로 입주자 모집공고일 기준으로 서울시 소재 대학에 재학 중인 학생이 대상이다.

⑥ **도전숙** 서울주택도시공사가 1인 창업가·기업가·청년 상인에게 공급하는 수요자 맞춤형 공공임대주택이다. 주변 시세보다 저렴하게 사무공간을 제공하기 때문에 주거와 업무 공간을 한번에 마련할 수 있다.

이 밖에도 주거환경 개선이나 주거자금(구입자금, 보수자금, 전세자금, 월세)을 지원해주는 다양한 정책이 있으니 꼼꼼히 살펴보고 활용하자.

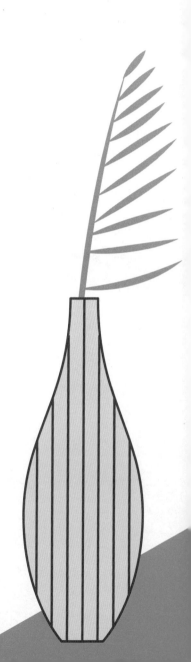

SINGLE LIFE

02

하면
좋습니까?

ON AIR 20200205

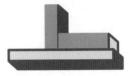

나는 결혼을
안 하는 걸까
못하는 걸까?

나는 나와 결혼했다

"내 눈에 흙이 들어가기 전에는 절대 안 돼!
내가 너를 어떻게 키웠는데, 아이고, 내 팔자야."
내 결혼식 날, 엄마는 대성통곡하셨다.
그렇다고 내가 막장 드라마 주인공도 아닌데…….
솔로고미Sologomy, 혼자 하는 결혼식.
나는 '나'와 결혼했다.

"네가 뭐가 모자라서 이 모양 이 꼴이야!"
혼자 산다는 이유로 순식간에 모자란 자식이 된 나.
키 178센티미터에 연 소득 5270만 원 이상의 공무원을

찾는다는 결혼정보업체의 이상적인 배우자 조건에는 한참
모자라니, 어쩌면 모자란 게 사실일지도 모른다.

"네가 어디가 어때서? 짚신도 짝이 있는 법이야."
위로하듯 말하지만, 외모와 경제적 능력 안 보고
집안 환경을 따지지 않아도, 남녀의 성격이 맞을 확률은
겨우 10퍼센트밖에 되지 않는다고 한다.
영국 맨체스터대학교 연구(2012) 결과다.

"그래도 해야지. 안 하고 후회하는 것보다 낫잖아."
정말 그럴까? 결혼 때문에 행복한 시간은 결혼 전 1년과 결혼
후 1년, 합해서 2년 정도일 뿐, 달콤한 신혼이 끝나면 행복의
수준은 결혼 전과 비슷해진다고 한다.
미국 미시간주립대학교 연구(2013) 결과다.

결혼으로 행복한 시간은 잠깐이고, 스트레스 받는 시간은
길어진다. 배우자로 인해 스트레스를 받으면 심장질환
발병률이 4배 이상 증가한다고 한다.
덴마크 코펜하겐대학교 연구(2010) 결과다.

그뿐인가. 한국여성정책연구원에 따르면 남녀의 가사노동 시간은 천지 차이다. 아내 148.09분, 남편 17.91분(2019). 한때 꿈꾸던 고소득 워킹맘의 현실은 고달프고 불행한 직장맘일 뿐.

하려니 현실이 버겁고, 안 하려니 미래가 불안하다.
나는 결혼을 안 하는 걸까, 못하는 걸까?

생애미혼율과 1인 가구의 증가

결혼에 대한 한국인의 생각이 급변하고 있는 것은 2018년 통계청 사회조사 결과에서도 드러난다. 결혼을 '해야 한다'고 생각하는 사람의 비율은 계속 줄어 48.1퍼센트로 절반도 안 되지만, '남녀가 결혼하지 않아도 함께 살 수 있다'고 생각하는 사람은 계속 증가해 56.4퍼센트로 절반을 넘었다. 결혼을 '반드시 해야 한다'는 사람은 11.1퍼센트뿐이고, '하는 것이 좋다'(37퍼센트)는 답을 더해도 절반이 안 된다.

인구 1,000명당 혼인 건수를 의미하는 '조혼인율'은 1980년대에는 10.6건까지 올라간 적도 있지만, 계속 떨어져 2019년 기준 4.7건으로 역대 최저치다. 혼인 건수도 1999년 36만 407건, 2009년 30만 9,759건, 2019년 23만 9,159건으로 계속 감소 중이다.

50세까지 결혼 경험이 없는 사람의 비율인 '생애미혼율'도 급증하고 있다. 2000년에는 남성 1.8퍼센트, 여성 1.4퍼센트에 불과했으나 2015년에는 남성 10.9퍼센트, 여성은 5.0퍼센트로 증가했다. 통계청은 생애미혼율이 2025년에는 남성 20.7퍼센트, 여성 12.3퍼센트에 이르고 2035년에는 남성 29.3퍼센트, 여성 19.5퍼센트가 될 것으로 예상한다. 30대 미혼율만 보면 이미 상당히 높다는 것을 알 수 있다. 2005년에는 30대 남성 29.8퍼센트, 여성 13.3퍼센트가 미혼이었고 2015년에는 그 비율이 대폭 늘어 30대 남성의 44.3퍼센트, 여성의 27.9퍼센트가 결혼한 적이 없는 상태였다.

결혼 자체가 줄면서 이혼 건수도 감소하는 추세였지만, 최근 황혼 이혼이 크게 늘면서 이혼 건수가 다시 늘고 있다. 지난 30년 동안의 통계를 보면, 1990년 4만 5,694건에 불과하던 이혼 건수가 2000년 11만 9,455건으로 10년 사이 2배 이상 증가한 후 2003년 16만 6,617건으로 늘어 정점을 찍고 나서 2017년 10만 6,032건까지 꾸준히 감소했다. 그러다 2018년 10만 8,684건, 2019년 11만 831건으로 2년 연속 상승세다. 이 상승세를 견인한 황혼 이혼 증가 트렌드는 통계청의 '인구동태통계연보'에 나타난다. 결혼 유지 기간별 이혼 건수 비중을 보면 1990~2000년대에는 결혼 후 4년 이내에 이혼하는 경우가 가장 많았으나, 최근에는 20년 이상 된 부부가 이혼하는 경우가 가장 큰 비중을 차지한다. 이혼 시기가 결혼 후 4년 이하인 경우가 1990년에는 39.6퍼센트였으나 2019년에는 21퍼센트로 절반 가까이 줄었다. 반면 20년 이상 된 부부가 이혼한 경우는 1990년 5.3퍼센트에 불과했으나 2000년 14.2퍼센트, 2010년 23.8퍼센트, 2019년에는 34.7퍼센트로 크게 상승했다. 특히 30년 이상 된 부부가 이혼하는 경우가 최근 10년 사이에 2배 이상 늘었다.

청년 세대의 비혼과 중장년 세대의 이혼 증가는 전 연령대 1인 가구의 증가로 이어진다. 1995년 12.7퍼센트에 불과하던 1인 가구의 비중이 2010년 23.9퍼센트로 늘어 4인 가구 비중(22퍼센트)을 처음으로 앞질렀다. 2015년 27.2퍼센트로 증가하면서 한국에서 가장 흔한 가구 형태가 되었고, 2019년에는 전체 2034만 3,000가구 중 614만 8,000가구로 30.2퍼센트까지 늘었다.

우리나라의 주된 가구 형태는 1990~2005년까지 4인 가구였다. 2010년 들어 2인 가구가 대세로 떠올랐으나, 2015년부터는 1인 가구에 그 자리를 내주었다. 우리나라의 1인 가구 비율은 OECD 국가들의 수준을 상회해 계속 증가할 것으로 예상된다. 통계청은 우리나라 1인 가구가 2027년 전체 가구의 32.9퍼센트, 2037년에는 35.7퍼센트로 증가해 1인 가구 구성비가 일본보다는 낮아도 영국, 캐나다, 뉴질랜드, 호주보다 높은 수준이 될 것으로 전망했다.

결혼과 가족의 미래

20대 남녀 1,000명에게 결혼 의향을 묻자, 결혼하고 싶지 않거나 절대 하지 않겠다는 답변이 47.3퍼센트였고, 80.5퍼센트는 우리나라 결혼제도가 수정·보완되어야 한다고 답했다. 인구보건복지협회가 2019년 10월 실시한 설문조사 결과다.

결혼정보회사 '듀오'가 2019년 25~39세 미혼남녀 1,000명에게 미래 한국의 결혼 형태가 어떻게 변화할지 질문한 결과, 사실혼(동거)이 보편적 형태가 될 것이라는 답변이 41.3퍼센트로 가장 많았다. 그다음으로는 기존 결혼제도 유지(35퍼센트), 계약결혼(10.1퍼센트), 졸혼(9.6퍼센트), 이혼(3.2퍼센트) 순이었다.

2019년 여성가족부의 '가족 다양성에 대한 국민 여론조사'에서는 혼인이나 혈연 여부와 상관없이 생계와 주거를 공유한다면 가족으로 인정해야 한다는 데 응답자의 67.5퍼센트가 동의했고, 젊은 세대일수록 한부모, 다문화, 비혼 등 다양한 가족에 대한 수용도가 높은 것으로 나타났다. 사실혼, 비혼 동거 등 법률혼 이외의 혼인에 대한 차별을 폐지할 필요가 있다는 응답도 66퍼센트로 많았다.

기존 결혼제도에 부정적인 의견을 내는 데서 그치지 않고, 스스로 다양한 가족을 구성해 새로운 삶을 경험하는 이들도 적지 않다. 그들의 이야기는 여러 매체와 채널을 통해 전파되고 비혼, 1인 가구, 한부모, 동거 등 다양한 가족의 목소리가 담긴 책들이 서점가에서 주목받기도 한다. 최근에는 더 도발적인 메시지가 발신되고 있다.

2020년 5월 출간된 『더 사랑하면 결혼하고, 덜 사랑하면 동거하나요?』는 세 명의 연인과 동거한 경험이 있고, 네 번째 연인과 함께 사는 30대 여성이 쓴 발칙한 '동거 권장' 도서다. 가부장적 가족 공동체와 결혼제도가 포용하지 못하는 '개인의 행복과 안녕'을 위해 동거를 선택한 작가는 동거가 결혼을 위한 준비 단계가 아닌 그 자체로 완성된 상태라고 주장한다. "하고 싶어서 하는 일을 하면 '했다'라는 것 자체가 성공인 것처럼, 동거에는 실패가 없다"면서 용기를 내라고 응원한다.

2020년 7월에 나온 『셋이서 집 짓고 삽니다만』과 『두 명의 애인과 삽니다』는 세 사람이 한집에 사는 이야기다. 『셋이서 집 짓고 삽니다만』은 부부와 여성 한 명이 공동명의로 집을 짓고 혼인과 혈연을 넘어 느슨한 가족으로 살아가는 과정을 담았다. 사회와 법이 규정한 경직된 가족의 의미에 문제 제기를 하면서 새로운 가족의 가능성을 제시하는 실험 보고서다.

『두 명의 애인과 삽니다』는 두 명 이상을 동시에 사랑하는 비독점 다자 연애, 즉 폴리아모리Polyamory 관계를 추구하는 여성이 두 연인과 함께 살며 쓴 책이다. 그들은 "독점적 소유욕에 기반해 있고 때로는 폭력적인 기존의 관습적 사랑을 비판적으로 성찰하면서 상대를 소유하거나 구속하지 않는 더 나은 사랑의 관계를 맺기 위해 노력할 뿐"이라고 폴리아모리의 의미를 설명한다. 프랑스 최고의 지성인 커플 장 폴 사르트르와 시몬 드 보부아르는 서로의 자유를 존중하고 다른 사람과 사랑에 빠지는 것도 허락하는 새로운 사랑을 실험하면서 50여 년간 계약결혼 관계를 유지해 폴리아모리 연인의 모범으로 손꼽힌다. 하지만 용감하게 얼굴을 드러낸 이 책의 세 주인공에게는 '비정상'이라는 비난이 쏟아진다.

사랑, 연애, 결혼에 대한 각기 다른 주장과 새로운 결합 방식 가운데 한국 사회는 무엇을 어디까지 인정할 수 있을까?

/ 정희정

참고 자료

우엉·부추·돌김, 『셋이서 집 짓고 삽니다만』, 900KM, 2020 | 정만춘, 『더 사랑하면 결혼하고, 덜 사랑하면 동거하나요?』, 웨일북, 2020 | 홍승은, 『두 명의 애인과 삽니다』, 낮은산, 2020 | 『2019년 여성가족패널조사』, 한국여성정책연구원, 2019 | '2018년 사회조사 결과(가족·교육·보건·안전·환경)' 보도자료, 통계청, 2018년 11월 5일 | '2019년 혼인·이혼 통계' 보도자료, 통계청, 2020년 3월 18일 | 「1인 가구 중장기 정책방향 및 대응방안(I)」, 관계부처 합동, 2020년 6월 25일 | 「"싱글을 위한 회사는 없다"… 기혼자 중심 기업 복지에 소외감 느끼는 싱글들」, 《한경비즈니스》, 2020년 7월 8일 | 「사랑은 결국 식는 것… 노력만이 '결혼'을 지킨다」, 《미주한국일보》, 2013년 1월 25일

비혼 직원에게 복지 혜택을 주는 회사

국가의 복지정책이 그렇듯 기업의 직원 복지 혜택도 그동안 자녀가 있는 기혼 가구를 주요 대상으로 해왔다. 기업은 결혼·출산·육아 시기에 맞춰 결혼기념일 선물, 배우자 건강검진, 직장 어린이집, 근무시간 단축, 자녀 학자금 지원 등 다양한 혜택을 제공한다. 그러나 결혼과 출산을 하지 않은 직원에게는 그림의 떡일 뿐이었다. 이에 역차별이라는 목소리가 나오면서 일부 기업이 혼자 살거나 비혼인 직원을 위한 복지 혜택을 발빠르게 확대해 호응을 얻고 있다.

영국에 본사를 둔 코스메틱 브랜드 러쉬LUSH 코리아는 비혼을 결심한 직원에게 '비혼식'을 열어주고 축하금 50만 원과 함께 10일의 유급 휴가를 제공한다. 축하금 금액과 유급 휴가 일수는 결혼하는 직원과 동일한 수준이다. 매년 5월 마지막 주 금요일을 '비혼 선언의 날'로 지정해 근속연수가 만 5년인 직원 중 비혼을 선언한 직원의 신청을 받아 파티를 열어 함께 축하해준다. 그러나 본인이 비혼식을 조용하게 진행하기를 원한다면 그에 맞춰 비혼 선언문과 액자 등을 전달한다.

신한은행은 생일을 맞은 미혼 직원에게 '욜로YOLO 지원금'을 10만 원씩 지급한다. 이는 기혼 직원이 결혼기념일에 받는 축하금과 같은 액수다. 건강검진도 대상자를 '본인과 배우자'에서 '본인 외 가족 1인'으로 변경해 배우자가 없는 직원에게도 공평하게 혜택을 주기로 했다. 우리은행과 KB국민은행 등도 미혼 직원의 부모 중 1인에 대한 건강검진을 지원한다. IBK기업은행은 결혼기념일을 맞은 직원에게 제공하는 축하 선물을 미혼 직원 생일에도 똑같이 주기로 했다. 다른 지역으로 발령이 났을 때 지급하는 단신 격지 부임 여비를 미혼 직원에게도 지급한다.

NHN은 가정의 달인 5월에 직원 가족들을 초대해 자녀를 위한 인형극을 보여주는 등 위패밀리 행사를 진행해왔는데, 미혼 직원이 소외될 수 있으므로 위프렌즈 행사를 신설했다. 위프렌즈에는 가족 대신 친구를 초대할 수 있고 사옥 투어, 인문학 특강, VR 게임, 디제잉 파티 등 다양한 프로그램을 제공한다.

가족의 탄생

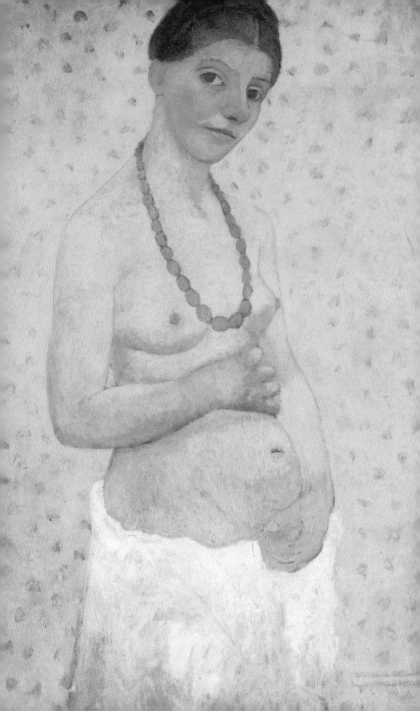

아이는 여성이 낳지만 사회가 함께 키운다

인구절벽, 국가 소멸, 아이를 낳지 않아 나라가 사라질
것이라는 아우성. 한국 사회가 갇혀 있는 저출산의 늪에 먼저
빠졌다가 훌륭하게 탈출한 선례가 있다.

제1차 세계대전을 겪으며 프랑스에서는 수많은 사람이
전사했고 노동인구 급감으로 여성들이 일터로 나가야 했다.
일과 육아, 가사 등 동시에 많은 책임을 떠안게 된 여성들.
이는 출산율 저하로 이어졌고, 저출산의 해법을 고민하던
프랑스는 1967년 국가가 부양가족 수에 따라 생활비를
지급하는 국립가족수당금고CNAF를 도입했다. 자녀를 둔
여성의 직장 복귀를 지원하는 법도 만들었다. 미취학 아동의

어린이집 보육비를 국가가 책임졌으며, 어린이집에 가지 않는 어린이에게도 양육비를 지원했다. 이런 정책은 "출산과 육아는 가족만의 문제가 아니라 국가적 문제이므로 국가가 책임을 져야 한다"는 인식에서 출발한다.

프랑스는 매년 국내총생산GDP의 약 5퍼센트를 가족수당에 투자한다. 그 결과 국민 약 50퍼센트가 가족수당의 혜택을 받는다. 가족수당 재원은 기업이 60퍼센트, 정부 보조금이 20퍼센트, 세금이 20퍼센트를 차지한다. 기업 자금 총액의 5.4퍼센트를 가족수당금고에 귀속시키는 데 기업의 적극적 참여와 사회적 합의가 있었기에 가능한 일이다.
떨어졌던 출산율이 금전적 지원만으로 올라간 것은 아니다. 시민 의식의 혁명적 변화가 이루어진 68혁명. '가장 개인적인 것이 가장 정치적인 것'이라며 개인의 문제를 사회적 의제로 전환한 시민 의식의 변화는 평등주의의 확산과 가족 패러다임의 전환으로 이어졌다. "남녀의 가사 분담을 평등하게 해야 한다", "혼자 아이를 키우는 것은 잘못이 아니다", "가족을 위해 근무시간을 단축해야 한다"는 공감대가 확산되었다.

1976년 가족지원수당, 여성한부모수당제도 시행. 1999년 혼인 관계가 아니더라도 같이 사는 부부를 법적으로 인정하는 시민연대계약PACS제도 시작. 2006년 혼인한 부부의 출산과 혼외 출산을 구분하는 가족법 규정 폐지. 금전적 지원을 넘어 시민 의식의 변화와 가족의 다양성을 인정하는 관용적 가족제도의 도입에 힘입어, 1994년 1.66명까지 떨어졌던 프랑스의 출산율은 계속 상승해 2010년 2.02명, 2014년 2.08명으로 반등했다.

가장
개인적인 것이
가장 정치적인
것이다.

혼자 아이를
키우는 것은
잘못이 아니다.

합계출산율과 저출산 대책

영국 옥스퍼드대학교 인구문제연구소는 저출산과 고령화에 따른 인구 소멸로 사라지는 첫 번째 나라로 한국을 지목한 바 있다. 2006년 열린 '세계인구포럼'에서 옥스퍼드대학교의 데이비드 콜먼 교수는 현재의 저출산 경향이 지속되고 배타적 이민정책을 유지할 경우, 한국은 300년 후에는 역사 뒤로 사라지는 국가 1호가 될 것이라고 전망했다.

다소 과장되게 느껴졌던 과거의 부정적 예측이 결국 현실화되는 듯하다. 2016년 통계청은 출생아 수가 사망자 수보다 적어지는 '인구 자연 감소'가 시작되는 시기를 2029년으로 추정했다. 그러나 실제로는 무려 10년이나 앞당겨진 2019년부터 인구 자연 감소가 시작되었고, 2020년 7월까지 출생아 수보다 사망자 수가 더 많은 인구 자연 감소가 9개월째 이어지고 있다.

통계청에 따르면 1970년 4.53명이던 합계출산율이 2019년 0.92명으로 역대 최저치를 기록했다. 2020년에 들어서도 1분기 0.9명, 2분기 0.84명으로 계속 줄고 있다. 한국은 OECD 국가 중 유일하게 출산율이 1 밑으로 떨어진 나라다. 합계출산율은 여성한 명이 평생 동안 낳을 것으로 기대되는 평균 출생아 수를 뜻하며, 합계출산율이 1 미만이라는 것은 한 세대가 지나면 출생아 수가 지금의 절반 이하로 줄어든다는 의미다.

단순히 계산해보면 두 사람이 짝을 지어 자녀 2명 이상을 낳아야 인구가 유지될 수 있다. 인구수를 유지하려면 합계출산율이 2.1이 되어야 한다는 게 통계학의 정설이다. 사실 우리나라의 출산율이 2 미만으로 떨어진 시점은 1984년부터다. 그때부터 이미 인구감소를 예견하고 그때까지 펼쳐왔던 산아제한 캠페인을 중단하는 것이 옳았을지도 모른다.

정부의 인구 억제 정책은 큰 효과를 발휘했다. 1960년대에는 '덮어놓고 낳다 보면 거지꼴을 못 면한다'는 표어를 내걸고 "세 살 터울로 세 자녀만 35세 이전에 낳자"고 외쳤다. 1970년대에는 "딸 아들 구별 말고 둘만 낳아 잘 기르자"고 국민을 설득했다. 1980년대 들어 출산율이 다소 떨어졌는데도 "잘 키운 딸 하나 열 아들 안 부럽다"며 인구 억제 정책을 계속해서 펼쳤다.

저출산 대책을 내놓은 것은 2006년이 처음이었다. 그후 14년 동안 저출산 대책에 185조 원을 투입했지만, 이 대책이 성공적이었다는 평가 대신 중구난방, 예산 낭비라는 논란을 낳았다.

정부는 아이를 낳지 않는, 아니 아이 낳을 엄두도 내지 못하는 청년들의 현실은 외면한 채 출산율이라는 숫자에만 매달려 출산 가정에 경제적 보상을 하는 식의 단편적인 정책을 펴왔고, 그 결과는 참혹하다.

문재인 정부가 들어서면서 저출산 대책의 접근 방식이 조금 달라지기는 했다. 과거에는 출산율 높이기를 목표로 했다면 이제는 모든 세대의 삶의 질 향상을 앞세운다. 2019년 2월에 발표한 '제3차 저출산·고령사회 기본계획 수정안'에는 '혼인, 출산 여부와 관계없이 모두 당당할 수 있는 사회'를 목표로 '모든 아동이 차별 없이 보호받는 여건을 확립하고 포용적이며 평등한 가족 문화를 조성한다'고 명시했다.

정부는 2021~2025년 시행할 '제4차 저출산·고령사회 기본계획'을 수립 중이다. 국가는 저출산이 문제라고 하지만, 청년들은 출산 자체가 그들 삶에 문제라고 생각한다. 그 간극부터 줄이는 것이 필요해 보인다.

세계의 비혼출산율

무한 경쟁에 맞닥뜨린 'N포 세대' 청년들은 제 앞가림하기도 버거워한다. 그들은 IMF 경제위기, 글로벌 금융위기에 몰락하는 자영업자들을 보며 '번듯한 직장'에 목을 맸다. 결과는 청년층의 중소기업 외면과 공시족 양산. 아르바이트는 해도 중소기업은 다니지 않겠다는 청년들이 부지기수다. 생활이 안정되지 않으니 결혼할 엄두를 내지 못한다. 결혼한다 해도 아이 낳기는 더 두렵다.

곤두박질한 출산율을 끌어올리기 위해서는 저출산의 터널을 앞서 빠져나온 EU 국가들의 경험에서 배워야 한다는 지적이 많다. 프랑스는 여성의 전반적 권리 향상과 무상에 가까운 공교육 시스템, 동거 커플의 법적 지위 향상 등 전통적 가족제도의 포용성 제고를 통해 출산과 육아를 사회가 함께 책임진다는 신뢰를 형성함으로써 저출산에 대한 정책을 성공리에 추진한 것으로 평가받는다.

그 척도는 비혼출산율의 증가라고 해도 과언이 아니다. 1998년 프랑스의 합계출산율은 1.76이었다가 2010년에는 2.02까지 높아졌는데, 같은 기간 비혼출산율은 41.7퍼센트(1998)에서 55퍼센트(2010)로 늘었다. 한국이 저출산과 고령화로 인구 소멸 1순위가 될 것이라며 이 문제를 '코리아 신드롬Korea Syndrome'이라고 명명한 데이비드 콜먼 교수도 한 언론과의 인터뷰에서 "미혼모나 비혼모 관련 정책을 변경하는 등 '결혼해야 아이를 가질 수 있다'고 보는 한국의 전통적 관념을 보다 융통성 있게 바꿀 필요가 있다"고 제안했다.

2016년 기준 EU 국가의 평균 비혼(혼인 외)출산율은 41.2퍼센트다. 신생아 10명 중 4명이 전통적 혼인 관계 이외의 가족에서 태어났다는 의미다. 반면 우리나라의 비혼출산율은 1.9퍼센트로 OECD 국가 중 가장 낮다. 한국과 비슷한 나라는 일본(2.3퍼센트)뿐, 이스라엘(6.8퍼센트)과 그리스(9.4퍼센트)를 제외하면 대부분의 OECD 국가 비혼출산율은 두 자릿수다.

EU 국가 중 비혼출산율이 가장 높은 나라는 아이슬란드로 69.6퍼센트에 이른다. 프랑스, 노르웨이, 스웨덴, 덴마크, 포르투갈, 네덜란드 등은 신생아 절반 이상이 비혼 가정에서 태어난다. 벨기에, 체코, 영국, 헝가리, 스페인, 핀란드 등도 45퍼센트 내외로 EU 국가 평균을 웃돈다.

이런 통계에서 알 수 있듯 많은 나라에서 비혼출산은 '비정상'이 아니다. 소위 '정상 가족'이라 인식되는 전통적 가족 내 출산보다 혼인 관계 이외의 출산이 흔하다.

두 차례의 세계대전을 겪으며 전사자가 많아 노동력이 급감한 EU 국가들은 여성이 일과 출산, 육아에 대한 부담을 동시에 떠안으면서 출산율이 떨어지는 현상을 겪었다. 그 해법으로 어떤 가정에서 태어나든 아이가 건강하게 자랄 수 있도록 사회가 책임지고 다양한 가족을 존중하는 방향으로 가족지원제도가 설계되었고, 그 결과 출산율 반등으로 이어졌다.

한국 사회 일각에는 여전히 비혼출산 지원 정책을 마뜩잖게 바라보는 시선이 많다. 비혼출산 지원이 비혼출산 장려로 이어

지는 것 아니냐는 비판이다. 이런 편견을 넘어 '모든 출산은 존중받아야 한다'는 인식이 자리 잡지 못한다면 한국의 저출산 대책은 백일몽에 그치기 쉽다.

/ 정희정

참고 자료

프랑스 가족수당금고(caf.fr) | NHK스페셜 '지금부터 우리는' 취재반, 『저출산 무엇이 문제인가』, 이경수 외 옮김, 지식과감성, 2017 | 「프랑스 출산율 2.0이 부럽다? "100년 걸렸다"」, 《오마이뉴스》, 2010년 3월 9일 | 「혼외출산 차별 없앴더니… 佛 출산율 쑥쑥」, 《동아일보》, 2014년 11월 19일 | 「佛·스웨덴, 가족에게 '아빠' 돌려주자 '아기 울음소리' 늘었다」, 《매일경제》, 2012년 7월 3일 | 「한국형 복지모델을 찾아라—'유럽 5개국 제도' 현지 심층취재(상)」, 《동아일보》, 2010년 9월 28일 | 「출산보다 삶의 질이 먼저다」, 《주간경향》 1384호, 2020년 7월 6일 | 「한국, 300년 후 소멸하지 않으려면」, 《동아일보》, 2010년 7월 15일 | 저출산고령사회위원회(betterfuture.go.kr)

동거인이나 반려동물에게 재산을 물려주고 싶다면? '유언대용신탁'

우리나라의 법 제도는 아직 다양한 가족 형태를 인정하지 않는다. 상속법 역시 마찬가지다. 현행 상속법으로는 유산을 상속할 수 없는 '동거 가족'에게 재산을 물려주고 싶다면, 신탁을 활용하면 된다. 자신이 갑자기 사망했을 때 키우던 반려동물을 누가 돌봐줄지 걱정스러운 경우에도 활용할 수 있다.

'유언대용신탁'은 사망 후 상속 재산의 귀속을 정한다는 점에서 민법상 유언에 의한 증여와 법률효과가 같다. 유언장은 자필증서, 녹음, 공정증서 등의 요건이 충족되어야 인정되며 내용 변경 시 2명의 보증인이 있어야 하는 등 번거로우나 유언대용신탁은 은행(수탁자)과 계약만 하면 되기 때문에 간편하다.

재산 중 일정 금액을 물려주고 싶은 사람의 몫으로 신탁하면, 본인 사망 후 다른 상속인의 동의 없이 신탁된 금액을 수익자가 받을 수 있다. 매해 생일마다 지급하거나 매달 용돈을 주는 식으로 설정할 수도 있다.

사람이 아니라 반려동물에게 유산을 물려주고 싶다면, 반려동물에게 직접 돈을 줄 수는 없으니 키워줄 사람 몫으로 일정 금액을 신탁하면 된다. 유언으로 같은 내용을 남길 수도 있지만, 그럴 경우 실제로 반려동물을 키워주지 않아도 무조건 돈이 지급된다. 반면 유언대용신탁제도를 이용하면 반려동물을 실제로 돌보는 경우에만 수탁자(금융기관 혹은 지인)가 수익자에게 일정 금액을 지급하도록 할 수 있다.

현재 은행이나 증권사에 법정상속인이 아닌 사실혼 배우자 등 제3자에게 상속하는 신탁, 반려동물을 위한 펫신탁, 치매 후 자산관리를 도와주는 신탁 등 다양한 상품이 나와 있다.

가족 더하기

동물과 인간은
이 세상의 동등한
창조물이다.

— 독일 동물보호법 제1조 1항(1979년 개정)

반려동물과 함께하는 삶

독일에서는 반려견을 키우기 위해 '자격증'을 취득해야
한다. 입양 전에 '개와 법', '개와 인간', '개의 건강',
'공공장소에서의 개'라는 주제로 1차 필기시험에서 75퍼센트
이상 정답을 맞히면, 입양 후 1년 이내에 2차 실기 시험을
치를 수 있다. 2차 시험은 '공공장소에서의 대처 능력'을 보는
것으로 다양한 사람을 만나는 상황에서 반려견과 안전하게
대처하면 최종 합격이다. 반려견을 키우기 위해서는
한 마리당 평균 13만 원, 맹견의 경우 평균 100만 원 정도의
세금도 내야 한다.

동물보호 선진국이자 반려동물의 천국인 독일에서는
'동물은 물건이 아니다', '동물과 인간은 이 세상의 동등한
창조물이다'라고 법으로 규정하고 있으며, 반려동물의
상업적 판매도 금지해 펫숍이 없다. 사람들은 그 대신
티어하임(TIERHEIM, 민간동물보호소)을 찾는다. 티어하임에서는
사람이 반려동물을 선택하듯 반려동물 역시 상황과 조건에
맞는 새로운 가족을 선택할 수 있다.

독일의 16개 주에서는 반려동물 입양 과정에서 파양
가능성을 최소화하기 위해 까다로운 입양 절차를 거친다.
모든 가족의 동의와 서명 필수, 반려동물 몸집에 맞는 집의
크기 확인, 입양 전 모든 가족의 보호소 방문, 맹견은 행동
교정 과정 필수, 산책 가능 횟수와 시간 확인, 입양 후 강아지
학교 교육 의무(일부) 등 까다로운 입양 절차는 입양되는
동물의 행복을 위해 꼭 필요한 선택이다.

국내 반려동물 인구 1500만 시대, 우리는 장난감을 사듯
쇼윈도에 전시된 동물을 쇼핑하고 있는 것은 아닐까?

'애완동물'에서 '반려동물'로:
반려동물 인구 1000만 시대에서 1500만 시대로

예전에는 집에서 기르는 개와 고양이를 '애완동물愛玩動物, pet'이라고 불렀지만, 요즘에는 '반려동물伴侶動物, companion animal'이라는 말이 훨씬 익숙하다. '애완동물'이라는 말에는 필요할 때 장난감처럼 데리고 놀다 싫증 나면 버리는 물건처럼 취급한다는 정서가 느껴지다 보니, 가족 같은 동물을 대하는 말로는 부적합하다고 여기는 것이다. '컴패니언 애니멀'은 노벨생리의학상을 수상한 동물행동학자 콘라드 로렌츠Konrad Lorenz 박사가 1983년 '사람과 애완동물의 관계'를 주제로 오스트리아 빈에서 열린 국제심포지엄에서 처음 제시한 용어다. 그는 사람과 교감하는 동물을 '펫'이 아닌 '컴패니언 애니멀'로 바꿔 부르자고 제안했다. 우리나라에서는 1988년 서울올림픽을 계기로 1980년대 말에서 1990년대 초부터 반려동물 문화운동이 시작되었다. 당시 '컴패니언 애니멀'이라는 단어의 한국 정식 명칭을 두고 '동반동물'과 '반려동물'이 경합을 벌였는데 투표 끝에 '반려동물'이 선정되었고, 2007년 동물보호법에 '반려'가 담기면서 일상적으로 쓰이게 되었다.

2017년 한국펫사료협회, 농림축산검역본부, 한국농촌경제연구원이 각각 진행한 설문조사를 종합한 결과 국내의 반려견은 651만 마리, 반려묘는 227만 마리, 반려동물을 기르는 가구는 600만 가구, 반려인은 1500만 명으로 추정되었다. 우리나라 전체 가구의 약 30퍼센트가 반려동물을 기르는 시대인 것이다. 혼자 사는 사람이 많아지면서 반려동물을 키우는 사람들이 늘고 있다. 1인 가구의 증가와 함께 저출산과 고령화 현상도 한몫해서 반려동물 산업의 시장 규모도 2012년 9000억 원에서 2015년 1조 8000억 원, 2018년에는 3조 6500억 원으로 빠르게 성장하고 있다.

'펫팸족'(pet+family: 반려동물을 가족처럼 생각하는 사람들)과 '펫미족'(pet+me: 반려동물을 자신처럼 아끼는 사람들) 역시 늘면서 반려동물 산업을 의미하는 '펫코노미'(pet+economy)도 빠르게 성장하고 있다. 사료, 영양제, 옷, 캐리어, 의약품, 의료, 미용 등 기본적인 제품과 서비스는 물론 반려동물 전용 가구, 반려동물을 위한 차량, 반려동물 동반 택시, 반려동물 동반 여행 상품, 반려동물 숙박시설, 반려동물 수영장, 반려동물 재활치료센터, 반려동물 카드, 반려동물 보험, 반려동물 장례 서비스, 심지어 은행에는 보호자가 자신이 사망한 후 새 부양자가 반려동물을 돌볼 수 있도록 돈을 맡기는 펫신탁 상품까지 등장했다.

1인 가구가 증가하면서 반려동물 수도 늘어나고 있다. 그만큼 혼자 있는 반려동물도 많아졌다는 의미다. 반려동물은 말 그대로 짝이 되어 함께 살아가는 존재다. 동물을 키운다면 보호자로서 의무가 따른다. 단지 자신의 외로움을 달래려고 동물을 키우는 것은 아닌지 생각해볼 때다.

반려동물 시대의 동물복지:
인간과 동물 모두를 위한 선택

반려동물을 향한 관심은 자연스레 동물복지로 이어지고 있다. 그러나 동물보호와 복지업무를 전담하는 동물복지정책부서가 농림축산식품부와 서울시, 경기도 등의 지방자치단체에도 신설되었지만 현실 속 동물복지는 여전히 제자리걸음이다. 2019년 유실·유기된 동물 중 구조·보호된 동물은 13만 5,791마리로 전년 대비 12퍼센트 증가했다(2017년 10만 2,593마리, 2018년 12만 1,077마리). 농장 동물의 복지 수준은 더욱 열악하다. 밀집 사육으로 전염병에 취약한 데다 스트레스로 면역력 저하나 항생제 남

용 등의 문제를 겪고 있다.

오늘날 전 세계적으로 700억여 마리의 동물이 인간에 의해 태어나고 죽으며, 국내에서는 연간 8억 마리 이상의 동물이 인위적으로 태어나고 죽는다. 그 과정에서 동물들은 고통과 감정을 느끼는 존재로 고려되지 않고 본연의 습성이 차단된 채 비좁은 우리에 갇혀 살다 고통스러운 생을 마감한다. 인간에 의해 산업화된 동물 이용은 생명에 대한 경시와 그로 인한 환경 파괴, 인수공통전염병 발생, 식품 안전 문제 등 다양한 부작용을 야기한다. 이와 더불어 생태계 안에서 인간과 동물의 건강은 서로 연결되어 있다는 관점을 바탕으로 동물복지의 중요성이 대두되고 있다.

동물복지는 하나의 생명을 이용하는 인간으로서 행해야 하는 최소한의 상식적인 대우로, 동물의 기본적이고 자연스러운 본능을 보장해주는 것을 말한다. 세계동물보건기구OIE에 따르면 동물복지란 동물이 건강하고 안락하며 좋은 영양과 안전한 상황에서 본래의 습성을 표현할 수 있으며, 고통·두려움·괴롭힘 등의 나쁜 상태를 겪지 않는 것이다. 이를 바탕으로 동물이 누려야 할 다섯 가지 자유는 ①배고픔, 영양불량, 갈증으로부터의 자유 ②불편함으로부터의 자유 ③통증, 부상, 질병으로부터의 자유 ④두려움과 고통으로부터의 자유 ⑤정상적인 행동을 표현할 수 있는 자유다.

그렇다면 우리나라 동물복지의 현주소는 어떨까? 우리나라의 동물복지를 이야기할 때 식용견 농장, 공장식 동물번식장, 유기동물보호소, 동물복지축산농장제도 등이 자주 언급된다. 동물보호단체들은 식용견 농장에서 식용견이 태어나고 도살되는 순간까지 학대가 반복적으로 일어난다고 지적한다. '축산법'상 개는 사육이 가능한 가축에 속하지만, 가축의 도살 및 유통 등을 규정하는 '축산물 위생관리법'상 관리 대상에 들지 못해 규제의 사각지대에 놓여 있다. 이에 식용견 농장의 환경은 축산물 위생관리법의 규제를 받는 일반 축산농장보다 더욱 열악한 수준으로 치달았으며, 학대의 온상이라는 비판이 거세다. 또 공장식 동물번식장이나 열악한 환경의 유기동물보호소에서도 비슷한 일이 반복되고 있다.

한편 농림축산식품부가 사육 환경을 개선한 동물복지축산농장에 대한 인증제도를 추진하고 있지만, 동물복지축산농장 도입률은 8퍼센트대에 불과하다. 동물복지축산농장의 경우 초기 비용이 커 진입장벽이 높고, 아직까지 소비시장이 확보되지 않아 산업 경쟁력이 떨어지기 때문이다. 이런 제도의 정착을 위해서는 정부와 농가의 공조도 중요하지만, 소비자 또한 사회적 책임을 같이 져야 한다. 동물복지축산농장으로의 초기 전환에 정부 지원이 필요하지만, 소비자는 가격이 비싸지더라도 동물복지를 위해 윤리적 소비를 하자는 사회적 공감대를 형성해야 한다.

마하트마 간디는 말했다. "한 나라의 위대함과 도덕적 진보는 그 나라에서 동물이 받는 대우로 가늠할 수 있다."

/ 장우진

참고 자료

이학범, 「반려동물을 생각한다」, 크레파스북, 2019 | 김민정, 「반려동물이 주는 효용과 가치의 변화」, 《한국경제》, 2016년 7월 15일 | 이병욱, 「"또 하나의 가족"… 반려동물 1000만 시대 '명암'」, 《뉴스원》, 2015년 4월 10일 | 이지윤, 「대한민국 동물복지, 현주소를 말하다」, 《대학신문》, 2017년 9월 10일 | 나인지, 「국내 동물복지정책 동향」, 《세계농업》 제163호, 2014년 3월 14일 | 박진언, 「동물복지 국내·외 현황 및 전망」, 《축산식품과학과 산업》 제8호, 2019년 9월 | 농림축산식품부, 「2019년 반려동물 보호·복지 실태조사 결과」, 《대한민국 정책브리핑》, 2020년 5월 12일

건강한 분양 문화 '사지 말고 입양하세요'

유기동물이 사회문제로 떠오르면서 유기동물 입양에 관심을 두는 사람들도 부쩍 늘어났다. 유기동물을 입양하고 싶다면 먼저 지방자치단체에서 운영하는 유기동물보호소(동물보호센터)를 찾을 수 있다. 법적으로 유기동물을 공고하는 기간은 10일이고, 그 후에도 보호자가 나타나지 않으면 소유권이 지방자치단체로 넘어가 일반인에게 분양한다. 지방자치단체 보호소의 유기동물 공고 및 입양 절차는 동물보호관리시스템(animal.go.kr) 또는 유기동물 입양을 담당하는 앱 '포인핸드Pawinhand'에서 확인할 수 있다. 동물보호단체에서 유기동물을 입양하는 방법도 있다. 동물보호단체의 경우 구조한 동물을 관리 교육한 다음 입양 공고를 낸다. 네이버 '동물공감판'에서도 주요 단체의 유기동물 관련 정보를 제공한다. 사설유기동물보호소에서 직접 입양할 수도 있다. 사설보호소는 개인이 버려진 동물을 데려다 보호하는 시설을 의미한다. 사설보호소의 경우 관리 상태나 입양 절차가 보호소마다 다르므로 사전에 철저한 확인이 필요하다.

일반적으로 유기동물을 입양할 때는 보호시설에 연락한 후 직접 방문해 입양신청서, 입양동의서, 입양계약서를 작성하는 순서로 입양 절차가 이루어진다. 책임비와 치료비를 내야 할 때도 있다. 동물보호교육 이수, 최소 두 차례 이상 보호시설 방문, 사전 인터뷰, 입양될 집 현장 방문, 입양 후 보호시설과 지속적인 연락 등 유기동물 입양에 까다로운 조건을 정해둔 곳도 있다. 절차보다 입양자의 마음가짐이 중요하다. 다른 가족 구성원의 동의를 구했는지, 경제적 부담을 질 수 있는지, 끝까지 책임질 각오를 했는지 등을 신중하게 생각해야 한다.

지금은
연애 중

돈도 장소도 시간도 부족한
우리의 새로운 데이트

"그 애는 늘 제게 선톡을 합니다. 성격도 밝고 착하고 애교도 많아요. 이렇게 많이 좋아해본 건 처음이에요."
"만난 적은 없지만 '투투'(사귄 지 22일째 날)도 지났어요. 어디서 뭘 하는지 서로 숨기는 것도 없고 척하면 척, 말도 잘 통해요."

밴드에서 친해진, 페이스북에서 알게 된, 얼굴도 본 적 없고 만난 적도 없는, 언제든 헤어질 수 있는 그/그녀와의 사이버 연애.
그들의 데이트는 학교, 학원, 공원, 거리, 편의점이 아닌 각자의 방, 아니 각자의 휴대폰 안에서 이루어진다.
19세기에는 남성이 여성의 집에 '초대'를 받아야만 만남이
가능했다. 20세기 초에는 누군가를 초대할 '장소'를 갖지
못한 도시 하층민들이 댄스홀, 극장, 영화관을 전전하며
'데이트'가 탄생했다. 그러나 집 밖으로 나서는 순간
필연적으로 돈과 장소의 문제가 발생했다.

"대학 졸업 후 집에서 독립하고 나니
좋아하는 여자와 데이트할 돈이 없습니다."
— 24세 남자 A씨

데이트가 시작된 지 100여 년이 흐른 후 여전히 돈, 시간,
장소가 모자란 우리의 새로운 데이트는 '눈'(SNS)으로 알게 된
사람과 때로는 '얼굴 공개' 없이도 시작되고, 비용 갈등과는
조금 거리가 멀다.

어쩌면 가장 부담 없는 데이트(혹은 사랑)에서 실제로 교환되는
것은 '솔로'에서 '연애 중'으로 바뀐 SNS의 상태 변화뿐인
것은 아닐까?

새로운 연애 풍속도:
로맨스는 현실보다 가상에서

　우리는 사랑을 찾기 위해 누군가를 만나고, 데이트하고, 연애하고 또 헤어지기도 한다. 그런데 기술의 발전과 함께 불과 십수년 만에 사랑을 찾는 방식 자체가 극적으로 변하고 있다. 2015년 JTBC에서 방영한 〈나홀로 연애중〉은 가상 연애라는 새로운 연애 패러다임을 상징적으로 보여준 예능 프로그램이었다. 싱글 남성 출연자들은 1인용 부스에 들어가 화면 속 여성 연예인과 데이트를 즐긴다. 그런데 모든 데이트는 화면으로만 이루어지고 실제로는 만날 수도 만질 수도 없다.

　19세기 말과 20세기 초 자본주의의 발달과 함께 도시 문화가 확산하면서 도시 빈민가에 살던 가난한 청춘 남녀들은 초대와 방문이 용이하지 않자 집 밖의 댄스홀, 극장, 레스토랑, 영화관과 같은 오락장에서 만남을 시작했다. 이렇게 시작된 '데이트'에서 중요한 것은 남녀가 집 밖으로 나가 구경하고 즐기며 돈을 쓰는 행위였다. 그런데 언제부터인가 싱글들은 직접 만나거나 전화를 거는 대신 문자메시지, 인터넷 메신저, 소셜 미디어, 온라인

데이팅 앱을 통해 상대를 찾는다. '모모세대'(more+mobile)라고 불릴 정도로 모바일 중심의 삶을 사는 오늘날의 젊은이들에게 데이트 장소는 집 밖이 아닌 각자의 손안, 휴대폰으로 접속할 수 있는 온라인 공간이다.

지금까지 연애는 인간의 문제였다. 그런데 가상 연애의 대상은 '인간'에 국한되지 않는다. 게임이나 인터넷 등 가상 환경에 익숙한 디지털 네이티브Digital Native인 밀레니얼 세대에서는 실제 연애보다 가상 연애를 즐기는 사람들이 늘고 있다. 예를 들어 가상 메신저 앱 '가짜톡'은 연예인이나 좋아하는 사람을 가상의 친구(여친, 남친)로 만들어 채팅을 즐기는 채팅봇이다. 이 가상 메신저는 이용자가 프로필에 대화하고 싶은 상대를 입력한 후 상대에게서 듣고 싶은 말을 직접 가르치면 상대가 그대로 답한다. 마치 연애시뮬레이션 게임을 연상케 한다. 모바일과 VR 기술이 만나면서 소수 마니아층만 즐기던 연애시뮬레이션 게임 역시 점차 대중화하는 추세다.

현실 속 연애는 부담스럽다. 실제 연애는 '골칫거리'의 연속이다. 이와 달리 '가상 관계'는 드나들기 쉬우며 훨씬 말쑥하고 깔끔하다. 사용하기 쉬울 뿐만 아니라 사용자 친화적이기까지 하다. 그들은 관계 맺기를 원하지만 동시에 거리 두기를 원한다. 관계에 동반되는 헌신, 관계를 맺으려는 노력은 어떤 위험보다 먼저 피해야 할 덫으로 여겨진다. 상처를 주거나 양심에 꺼릴 것 없이 관계를 끝내기를 원한다. '관계 맺기'보다는 '네트워크'를 떠돌아다니다 요청에 따라 연결하고 마음대로 끊을 수 있기를 원한다.

온라인상에서 이루어지는 가상 연애는 고백했다 거절당해도 상처받거나 망신당하지 않는다. 상대방은 '진짜 나'라는 사람을 모르기 때문이다. 헤어질 때도 간단한 메시지로 이별을 통보하면 끝난다. 스토킹이나 데이트 폭력 같은 위험에 노출될 일도 적다. 무엇보다 집 밖에 나가 데이트하는 데 '돈'을 쓰지 않아도 된다.

연애가 부담스러운 세대:

연애하지 않을 이유

젊은이들이 연애를 귀찮게 여기는 시대가 되었다. 지금의 20대 남녀에게 연애는 정신적 부담일 뿐, 각자도생만으로도 버겁다. 2015년 기준 30세 미만 청년 가구 중 소득 1분위(하위 20퍼센트) 계층의 연평균 소득은 968만 원으로, 약 80만 7,000원의 소득으로

한 달을 사는 셈이다(통계청, 가계금융·복지조사). 경제적으로 불안정한 청년 세대에게 데이트 비용은 사랑만으로는 감당하기 어려운 문제다. 야근을 밥 먹듯이 하는 비정규직 회사원에게 퇴근 후 데이트는 사치다. 돈도 시간도 없는 청년들에게 연애는 어렵다. 현실주의자가 된 오늘의 젊은이들에게 연애는 가성비가 맞지 않는다.

취업이나 경제적 어려움 때문에 많은 청년이 연애, 결혼, 출산 등 예전에는 당연하게 여겼던 것들을 포기한다. 소위 'N포 세대'로 불리는 그들이 가장 먼저 포기한 것이 바로 연애다. 우리나라 30대 중반 이하 청년 세대의 미혼율은 '미혼 급증'을 먼저 겪은 일본을 이미 앞지른 것으로 나타났으며, 결혼을 고려할 만한 20~44세 미혼 남녀 가운데 실제 연애를 하는 사람은 10명 중 3명에 불과한 것으로 조사되었다(보건사회연구원, 「청년층의 경제적 자립과 이성교제에 관한 한일비교연구」, 2019). 저출산, 고령화 등의 문제는 '연애 포기'에서 시작된다. 그리고 그 배경에는 젊은이들이 안고 있는 다양한 문제가 숨어 있다.

2000년대의 대규모 구조조정 이후 젊은이들은 계속된 장기 불황을 경험해왔다. 극심한 취업난과 비정규직 확대로 사회 진입이 늦어지고 불안한 수입에 의존해야만 하는 그들은 '연애 의욕'마저 잃고 있다. 장기 불황만을 경험해온 젊은이들은 '나 같은 게 무슨', '어차피 안 될 게 뻔해'라며 절망한다. 인생에 희망을 품지 않게 된 젊은이들 사이에서는 '분수에 맞게 사는 것', '힘 빼고 사는 것'도 불행한 삶이 아니라는 생각이 널리 퍼져 있다. 연애에 대해서도 '별로 필요 없다', '투자할 가치를 못 느낀다'고 생각한다.

가진 자(정규직)와 못 가진 자(비정규직)의 격차가 커지면서 '최저 계층은 되지 말아야지', '적어도 지금의 지위를 유지하고 싶다'는 공포가 맞물려 젊은이들 사이에서는 원하지 않는 임신을 하지 않기 위해 성관계마저 기피하는 현상이 나타나고 있다. 심지어 '초식남'이나 '건어물녀'를 넘어, 이른바 '4B'(비연애·비성관계·비혼·비출산)를 선언하는 이들도 등장했다. 또한 경제적 자립 시기가 점점 늦어지면서 부모와 동거하는 비율이 늘어나 자연스럽게 연애나 성관계의 첫 경험도 늦어진다.

연애는 더 이상 인생의 필수 항목이 아니다. 인터넷과 SNS 등의 발달로 연애는 수많은 취미 중 하나가 되었다. 많은 젊은이가 밖에서 데이트를 즐기기보다는 집에서 '넷플릭스'를 보거나 페이스북에 접속해 수다를 떨거나 연애시뮬레이션 게임 같은 온라인 게임을 즐긴다. 스마트폰이 발달하면서 언제 어디서나 '성性에 대한 정보가 쏟아지는 환경 속에서 이성을 향한 두근거림이나 설렘도 사라져버렸다. 연애에 대한 환상은 깨지고 로맨스는 드라마나 가상세계에서 찾는다. 성희롱이나 스토킹, 데이트 폭력 같은 위험한 연애 리스크, 남녀평등을 외치면서도 불평등한 연애의 조건들, 성과 섹스에 대한 혐오, 초부모러브족의 대두 등 젊은

이들을 연애로부터 멀어지게 만드는 이유를 우리 주변에서 흔히 찾아볼 수 있다.

/ 장우진

참고 자료

베스 베일리, 『데이트의 탄생』, 백준걸 옮김, 앨피, 2015 | 지그문트 바우만, 『리퀴드 러브』, 조형준, 권태우 옮김, 새물결, 2013 | 우시쿠보 메구미, 『연애, 안 하는 게 아니라 못 하는 겁니다』, 서라미 옮김, 중앙북스, 2016 | 아지즈 안사리, 『모던 로맨스』, 노정태 옮김, 부키, 2019 | 박소정, 『연애 정경』, 스리체어스, 2017 | 「골방에서 아바타와 연애하는 그대는 변태?」, 《시사저널》, 2015년 2월 13일 | 「'썸'부터 연애까지 앱 하나로… 20대 新연애풍속도」, 《뉴스1》, 2015년 9월 26일 | 「신인류의 사랑─2030 연애풍속도」, 《서울경제》, 2016년 1월 20일 | 「2030세대 76%, "나는 N포 세대"… 가장 먼저 포기 '연애'」, 《노컷뉴스》, 2016년 12월 14일 | 「돈도 시간도 없는 N포 세대의 사랑」, 《연합뉴스》, 2017년 1월 2일 | 「'연애·성관계·결혼·출산 모두 거부'… '4B'를 아시나요」, 《연합뉴스》, 2020년 1월 26일 | 「운명의 상대? 범죄의 표적? 데이팅 앱의 빛과 그림자」, 《앱스토리》, 2020년 1월 30일 | 「"앱으로 연애하는 시대"… 데이팅 앱의 '빛과 그늘'」, 《머니투데이》, 2019년 9월 21일 | 「국내 매출 상위 앱 10개 중 3개가 '데이팅 앱'」, 《한국경제》, 2020년 2월 24일

모바일 시대의 마담뚜 데이팅 앱

데이팅 앱은 이미 20~30대 사이에서 소개팅의 강력한 대안이 되고 있다. 글로벌 앱 분석 업체 '앱애니'가 발표한 자료에 따르면 2010~2019년 전 세계 스마트폰 이용자 사이에서 소비자 지출액이 가장 높은 앱 1위는 넷플릭스였고, 2위는 미국의 데이팅 앱 '틴더Tinder'였다. 2019년 국내 소비자 지출 상위 10위권 앱에도 데이팅 앱인 '아자르'(6위), '위피'(7위), '심쿵'(10위) 등이 올랐다. 우리나라에서도 스마트폰 보급 초창기부터 많은 데이팅 앱이 서비스되었으며, 현재도 수백 개의 데이팅 앱이 경쟁하고 있다. 그중에서 '아만다', '글램', '정오의 데이트', '아자르', '심쿵소개팅', '이음', '그루브', '바닐라브릿지', '튤립', '커넥팅', '틴더' 등이 각기 장점을 내세워 치열하게 경쟁 중이다.

그러나 아직도 많은 사람이 데이팅 앱을 성매매가 공공연하게 이루어지는 '점잖지 못한 서비스'로 간주하며, 실제로 이 점이 가장 큰 부작용이다. 이 밖에도 데이팅 앱이 이용자의 외모에 평점을 매기거나 고스펙 사용자만 가입할 수 있는 서비스를 내놓는 등 사회에 만연한 외모와 스펙 지상주의를 더욱 조장한다는 우려도 있다.

그럼에도 데이팅 앱은 결혼중개업체를 통할 때와는 비교도 할 수 없을 정도로 넓은 선택지가 있다는 점, 직접 만나기 전에 상대방을 최대한 알아보고 마음에 드는 상대를 선택할 수 있다는 점 등이 장점으로 꼽힌다.

家族

우리는
같은 지붕 아래 산다

건강가정기본법 제3조는

가족을 '혼인·혈연·입양으로 이루어진

사회의 기본단위'로 정의한다.

우리는 가족이 아닌 걸까

혼밥, 혼영, 혼행…… 나 혼자 살아가기.

이 얼마나 좋은가.

오랜 가족인 반려묘 두 마리와 평온하게 살아가던 어느 날,

이상하리만치 나와 닮은 한 사람을 만나게 되었다.

여러 번의 실패와 오랜 기다림 끝에 마음이 맞는 사람을 찾은

것이다.

우리는 같은 지붕 아래 살기 시작했다. 가족이 된 것이다.

혼인신고서는 내지 않았다. 낼 수가 없었다.

단지 그 이유로 함께 사는 이가 아플 때 입원 서류에 서명할

수 없다.

임대주택을 신청하고 싶지만 할 수 없다. 전세자금대출도
불가능하다.
우리 사회가 인정하는 가족의 범위가 극히 좁기 때문이다.

민법 제779조는 '배우자, 직계혈족 및 형제자매 또는
생계를 같이하는 직계혈족의 배우자, 배우자의 직계혈족 및
배우자의 형제자매'를 가족으로 인정한다.
건강가정기본법 제3조는 가족을 '혼인·혈연·입양으로
이루어진 사회의 기본단위'로 정의한다.
남녀가 혼인으로 맺어진 부부관계를 기본으로 출산,
입양까지만을 가족으로 제한하는 전통적 입장을 고수한다.
그런데 시간이 흘러 1인 가구가 흔해졌으며 비혼 커플,
한부모 가정, 조부모 가정, 입양 가정, 장애인 공동체 등
다양한 가족 형태가 늘고 있다.

1999년 프랑스의 '시민연대계약 팍스PACS'제도 도입, 2001년
독일의 '생활동반자법' 제정, 2015년 일본의 '파트너십
증명제도' 도입 등 세계 여러 나라는 '생활동반자법'을
마련해 다양한 형태로 '함께 사는 이들'을 전통적 개념의
가족과 차별하지 않는 길을 열었다.

'삶을 함께할 특별한 한 사람'을 보다 다양하게 선택하면서
법적으로 확장되는 가족의 개념.
한국에서도 생활동반자법 제정을 위한 움직임이 있긴 했으나
국회에 발의조차 되지 못했다.
일상생활에서 가족을 위한 법적 권리와 책임을 아무것도
보장받지 못하는 우리는 정말 가족이 아닌 걸까?

생활동반자법:
서랍 속에 잠든 '함께할 권리'

전통적 가족의 정의를 고수하는 한국에서는 여러 형태로 '함께 사는 사람들'이 법의 테두리 바깥에 있다. 젊은이들은 결혼을 망설이거나 거부하고 비혼을 선택하기도 한다. 동거 커플도 많다. 황혼 이혼 후 새로운 짝을 만난 노인들은 상속 문제가 복잡해질 것을 우려해 혼인신고를 하지 않는다. 성소수자 커플은 동성결혼 합법화가 근본적인 문제이지만, 우선 대출과 주택 문제 등을 해결할 방안부터 마련되기를 바란다.

서로를 보살피며 공동생활을 한다는 점에서 법률혼과 차이가 크지 않은 다양한 동반자 관계는 그 수가 계속 늘고 있지만, 여전히 법의 사각지대에 방치되어 있다. 혼인 외 파트너십의 제도화를 위한 법 제정 움직임이 없었던 것은 아니다.

2012년 비례대표로 국회의원이 된 진선미 의원은 혼인신고를 하지 않고 오래된 남자친구와 동거한다는 사실을 공공연히 밝히면서, 한 신문사와의 인터뷰에서 동거 가족에 대한 차별을 없애는 법안을 19대 국회에 제출하겠다고 말했다. 그는 인터뷰에서

"저처럼 혼인신고를 하지 않고 사는 국회의원이 몇 명쯤 있는 것도 괜찮지 않을까요"라며 2014년 11월까지 국회에 '생활동반자법'을 발의하겠다고 공언하기도 했다.

생활동반자법 제정안은 생활동반자 관계를 맺은 사람이 국가에 등록하면, 함께 살아가는 데 필요한 사회복지 혜택 등 법적 권리를 보장하고 둘 사이의 분쟁을 합리적으로 해결할 수 있도록 지원하는 내용이다. 생활동반자법은 둘의 성별이나 같이 사는 이유에 초점을 맞추지 않고 '서로 돌보며 함께 살겠다'는 약속을 자발적으로 맺고 또 지키는지에 주목한다.

법률상 1인 가구로 분류되어 임대주택 신청이나 전세자금대출에서 후순위로 밀리는 현실, 건강보험 등 공공보험을 각자 따로 가입해야 하고 연말정산에서 배우자 소득공제를 받지 못하며, 헤어질 때 재산분할 등의 문제에서도 법적 보호를 받을 수 없는 등 법률혼 관계가 아니어서 겪어야 하는 차별과 불편함을 이 법을 통해 해소하고자 했다.

생활동반자법이 제정되면 기존 가족제도에 혼란이 생길 것이라고 우려하는 이들에게 진선미 의원은 "기존 가족관계를 위협하는 건 특정한 제도가 아니라 가족 구성원이 서로 돌보며 살 수 없도록 하는 팍팍한 현실"이라며 "생활동반자법은 사람들이 서로 돌보고 가족을 이루어 살도록 장려하는 가족 장려 법안"이라고 말했다.

그러나 19대 국회가 끝날 때까지 생활동반자법 발의는 이루어지지 않았다. 이후 진선미 의원은 2016년 20대 총선에 지역구 후보로 나서면서 1998년부터 시작한 동거 관계를 마무리하고 혼인신고를 했다. 진선미 의원은 여성가족부장관 재임(2018~2019) 시절에도 다양한 가족을 지원하는 방안을 마련하기 위해 계속 힘썼다. 하지만 20대 국회가 끝나고 2020년 범여권 180석의 슈퍼 여당 체제의 21대 국회가 출범했는데도 법안 발의는 이루어지지 않고 있다. 무엇 때문일까?

진선미 의원 보좌진으로 근무하며 생활동반자법 제정 추진에 핵심 역할을 맡았던 황두영 씨는『외롭지 않을 권리─혼자도 결혼도 아닌 생활동반자』에서 이렇게 밝혔다. 19대 국회 때 법안 관련 토론회를 했는데 동성애 혐오 단체 등의 비판이 너무 거셌고, 민주당이 여당이 되어 진선미 의원이 여성가족부장관으로 임명되자 이것이 정부의 공식 입장처럼 비쳐 폐쇄적인 정치 논리상 20대 국회에서도 법안 발의가 어려웠다는 것이다. 생활동반자법 제정은 국가보안법 폐지만큼이나 반대 여론이 맹렬하다는 설명이다.

다양한 형태로 함께 살아가는 '가족 아닌 가족'들을 우리 사회는 언제쯤 법적 사각지대에서 벗어나게 할 수 있을까.

가족을 인정하는 다양한 방법

프랑스는 1999년에 동거 관계를 법적으로 인정하는 '시민연대계약' 팍스제도를 도입했다. 팍스는 동거하는 두 성인이 계약을 통해 결혼한 부부와 유사한 권리와 의무를 갖게 하는 제도로, 이는 프랑스 가족 정책의 중요한 전환점이 되었다.

6,000여 건으로 시작한 팍스는 지난 2017년에는 19만 4,000여 건으로 30배 이상 늘었다. 반면 결혼 건수는 29만여 건에서 23만 4,000여 건으로 줄었다. 결혼이 사회적 의무가 아닌 개인의 선택이 되면서 새로운 가족을 이루는 방식으로 팍스가 자리 잡은 것이다.

이런 변화는 출산율에도 영향을 미쳤는데, 결혼한 부부보다 팍스로 맺어진 커플 사이에서 아이가 더 많이 태어난 것으로 집계되었다. 여성 한 명이 평생 동안 낳을 것으로 기대되는 평균 출생아 수를 뜻하는 합계출산율도 1994년 1.66명까지 떨어졌다 2006년 2명에 도달한 후 안정적으로 유지되고 있다.

일각에서는 생활동반자법을 '동성 커플 지원법'으로 폄하한다. 그러나 프랑스에서는 2000년 팍스로 가족 등록을 한 커플 가운데 동성 커플의 비중이 45~50퍼센트였다 2004년에는 15~20퍼센트 정도로 줄었다. 2014년에는 동성 커플이 5퍼센트고, 이성 커플이 95퍼센트로 압도적으로 많았다. 프랑스에서는 생활동반자 등록을 결혼의 전 단계로 인식하는 추세다.

잉글랜드와 웨일스에서는 2019년 12월부터 이성 커플에게도 '등록 동반자법Civil Partnership Act'을 적용했다. 영국은 2004년부터 동성 커플에게도 법적 부부에 준하는 기본권을 보장하는 내용의 등록 동반자법을 시행했는데, 이 법의 대상을 동성애자로 제한한 것에 소송이 제기되었고 위헌성이 인정되어 이성 부부로 적용 범위가 확대된 것이다.

스코틀랜드와 함께 2020년부터 동성 결혼이 허용된 북아일랜드에서도 등록 동반자법을 이성 커플에게 확대 적용하는 방안이 논의되고 있다. 《가디언》과 《파이낸셜타임스》 등 외신은 '동거 가족은 영국에서 지난 20년간 2배 이상 늘어 가장 빠르게 증가하는 가족 형태'라고 보도했다.

등록 동반자는 상속, 세금, 연금, 양육 등 여러 면에서 법적 부부와 유사한 대우를 받는다. 구속력 있는 합의이기 때문에 결별할 때도 법적 절차가 필요하다. 등록 동반자법에는 기존 결혼제도에 포함된 종교적 의미와 성차별적 관행 등은 찾아볼 수 없다. 영국 전통 결혼식은 신부가 '복종 서약'을 하도록 했고, 혼인증명서에는 신랑과 신부 아버지 이름만 기재하게 되어 있다. 반면 동

반자로 등록할 때는 커플 부모의 이름을 모두 적는다. 영국 정부는 2020년 한 해 동안 이성 커플 가운데 8만 4,000쌍 정도가 등록 동반자가 될 것으로 내다보고 있다.

2015년 도쿄도 시부야구는 '파트너십 증명제도'라는 지방자치단체 조례를 통해 구區 내 두 동성의 생활 공동체는 법률상 혼인에 상응하는 파트너십으로 인정받을 수 있도록 했다. 이 제도는 도쿄도 시부야구가 2015년 3월 31일에 처음 도입한 후 각지로 확산되고 있다. '파트너십 증명'은 법적 구속력은 없지만, 구에서 혼인 가구와 동일한 혜택을 받을 수 있도록 한다. 대표적으로 증명서가 있으면 시부야구의 가족용 구영주택에 입주할 수 있고, 파트너의 수술동의서 작성이 가능하다.

/ 정희정

참고 자료

황두영, 『외롭지 않을 권리』, 시사IN북, 2020 | 「혼인신고 안 한 진선미 의원 "동거 차별을 없애는 법안 19대 국회에 내겠다"」, 《경향신문》, 2012년 9월 14일 | 「생활동반자법이 뭐야? 동거·사실혼 관계 등 정책적 보호」, 《한겨레신문》, 2014년 10월 29일 | 「영국, 이성 커플에도 '동반자 관계' 허용… 깨지는 '가족 신화'」, 《한국일보》, 2020년 1월 1일 | 「"혼인·혈연관계 아니어도 '가족' 인정돼야"… 높아지는 '동반자등록법' 요구」, 《투데이신문》, 2018년 8월 16일 | EBS 〈다큐프라임—결혼의 진화〉

동거부부를 위한 법적 지원

우리나라 법률 대부분에서 사실혼을 인정하지 않지만, 그렇다고 동거부부를 위한 법적 지원이 전무한 것은 아니다. 국민연금법 제3조 2항에는 '이 법을 적용할 때 배우자, 남편 또는 아내에는 사실상의 혼인관계에 있는 자를 포함한다'고 나와 있다. 사실혼 부부 중 한 사람이 국민연금에 가입되어 있던 중 사망할 경우, 혼인신고를 하지 않고 함께 살던 배우자도 유족연금을 받을 수 있다.

공무원연금과 사립학교교직원연금도 마찬가지지만, 국민연금과의 차이점은 재직 당시부터 함께 산 배우자만 인정하고 퇴직 이후에 맺어진 배우자는 인정하지 않는다는 것이다. 그러나 군인연금은 퇴직 이후라도 60세 이전에 사실혼 관계를 시작했다면 유족으로 인정한다.

고용보험도 구직급여(수당) 수령 자격이 있는 사람이 사망하면 남은 수당을 사실혼 관계의 배우자에게 지급한다. 사실혼 배우자는 업무상 재해로 사망한 근로자의 유족 보상연금도 받을 수 있다.

2019년 10월부터 난임 치료 시술을 받을 때 사실혼 부부도 법률혼 부부와 동일하게 건강보험이 적용되기 시작했다.

서울시는 2019년 10월, 신혼부부 주거지원 대책을 발표하면서 사실혼 부부도 연봉 1억 미만이면 전월세 자금의 이자 3퍼센트를 서울시가 최대 10년간 부담하는 금융지원을 받을 수 있게 하겠다고 밝혔다. 사실혼 판단 기준은 조례 개정과 대출기관과의 협의를 통해 구체화하겠다고 했는데, 결과적으로는 6개월 이내에 결혼식을 올릴 예정인 예비신혼부부로 지원 대상이 한정되었다.

싱글의 생존법

2

하루 20분,
피아노

아주
느리지만
조금씩.

그럴 때마다 간절해지는 피아노의 시간

하루에 단 20분만이라도 온전히 나를 위해 쓸 수 있을까?
오전에만 두 차례 회의, 점심도 업무의 연장이며 전 세계에서
벌어지는 실시간 사건·사고에 24시간 촉각을 곤두세워야
하는 언론인의 일상 속에서 과연 나를 위한 하루 20분은
가능할 것인가?

영국《가디언》지 편집장 앨런 러스브리저Alan Rusbridger는 방
한구석에 놓여 있던 먼지 쌓인 피아노를 다시 연주하기로
한다. 그 피아노로 연주하고 싶은 곡은 쇼팽의 〈발라드 1번
G단조〉.

1년 동안 매일, 하루에 적어도 20분씩 연습하는 것을 목표로
그만의 '다시, 피아노'가 시작되었다.
옛 기억을 되살려 더듬더듬 연주를 시도했으나 손가락이
말을 듣지 않는다. 연필을 들고 음표마다 눌러야 할 손가락
번호를 적었다. 결국 열여섯 살에 그만두었던 피아노 레슨을
다시 시작해야 했다.
"이 곡의 가장 어려운 부분을 집중해서 연습하세요."
피아노 선생님의 말을 되새기며 연습을 이어간다.

**"이번 주 내내 스트레스 레벨이 올라가는 게 느껴졌다. 그래도 아침
20분 연습은 거른 날이 거의 없다."**(연습 3개월 차)

**"차분히 생각할 시간도, 멍하니 넋을 내려놓을 시간도 허락되지 않
는다."**(연습 9개월 차)

아주 느리지만 조금씩 선율을 그려나간다. 아침에 연습을
한 날은 하루 업무에 균형이 잡히는 걸 느낄 수 있다.
하지만 이메일이 쉬지 않고 밀려든다. 일주일에 사흘은
새벽 두 시 반까지 일해야 하는 상황. 그럴 때마다 더욱
간절해지는 피아노의 시간.

"오로지 악보와 손가락의 움직임에 집중하며, 있었던 일과 해야 할 일에 대한 생각을 밀어내다 보면 피아노 주변으로 비눗방울이 생기기라도 한 듯 편안한 기분이 든다.(연습 11개월 차)

피아노 연습 16개월 차. 드디어 그는 가족과 친구 그리고 피아노 선생님 들을 위한 작은 연주회를 열기로 한다. 그 16개월 동안 편집국장 앨런 러스브리저가 마주해야 했던 사건들. 위키리크스 국가기밀 폭로, 아랍의 봄, 일본 동북부 대지진, 오사마 빈 라덴 사살 작전.

그 가운데 그가 지켜낸 하루 20분. 그리고 그의 작은 연주회.

〈4분 33초〉와 20분의 쉼표

오케스트라 단원들이 무대 위에 속속 자리 잡고 앉았다. 20세기 전자음악의 선구자로 불리는 피아니스트 데이비드 튜더David Tudor도 무대에 올랐다. 데이비드 튜더가 오케스트라 단원에게 시작 신호를 보냈다. 그 신호는 피아노 뚜껑을 닫는 것이었다. 단원들은 악기에 손도 대지 않았다. 4분 33초가 지나자 단원들은 일제히 자리에서 일어나 퇴장했다. 놀란 청중은 당혹감 속에 4분 33초 동안의 침묵을 감상한 것이다.

미국의 천재 작곡가 존 케이지John Cage의 곡 〈4분 33초〉가 1952년 8월 29일 뉴욕 매버릭 콘서트홀에서 초연되었을 때의 풍경이다. 그러나 존 케이지는 "이 곡에 침묵 같은 것은 없다"고 단언했다. 누군가의 기침 소리, 어처구니없다는 듯한 웃음, 창틈으로 새어 들어온 자동차 소음에 갑자기 퍼붓는 소나기까지, 공연장에는 참으로 많은 소리가 가득했다는 것이다. 존 케이지는 또 이런 말도 했다. "내가 가장 좋아하는 음악, 내 작품이나 다른 사람의 작품보다 훨씬 선호하는 것은 우리가 조용하게 있을 때 듣는 바로 그 소리다."

존 케이지의 〈4분 33초〉는 음악의 정의에 도전장을 던지면서 많은 이에게 충격을 주었다. 음표가 아니라 쉼표로 가득한 악보와 침묵의 연주로, 우리가 항상 음악에 둘러싸여 있음을 일깨워준 이 흥미로운 반란은 우리에게 고정관념을 깨버릴 기회를 제공한다. 쉼표가 없으면 음악이 될 수 없으며, 그러므로 채움보다 여백이 더 중요할 수 있다는 사실을 새삼스레 깨닫게 했다.

다시 앨런 러스브리저의 이야기로 돌아가면, 신문사 편집국장으로 일하는 57세의 그에게 피아노 연주는 삶의 쉼표였다. 그가 16개월 동안 피아노 연습을 하고 나서 열었던 연주회나 그 과정을 기록한 책 『다시, 피아노』의 출간은 그리 중요한 일이 아닐지도 모른다. 더 중요하게 생각해봐야 할 것은 그가 마음먹은 '매일 20분'이라는 쉼표가 아닐까.

그는 이렇게 말했다. "어느새 피아노 연습은 내 일상에서 빼놓을 수 없는 부분이 되어 있었다. 현실 도피라 해도 좋고 어리석은 충동이라 해도 상관없지만, 내 몸이 피아노를 치라고 요구하고 있었다. 출근 전 20분을 피아노 앞에서 보낸 날은 뇌의 화학반응이 달라진 것만 같은 강력한 느낌을 받곤 했다. 연습을 하고 하루를 시작하면 마치 내 뇌가 '안정'된 것처럼 느껴졌고, 앞으로 열두 시간 동안 무슨 일이 일어난다 하더라도 모두 대처할 수 있을 것 같은 기분이 들었다. 그 기분의 원천이 정확히는 화학반응이 아니라 신경회로망의 재편임을 알게 된 것은 한참 뒤의 일이다." 여기서 '신경회로망의 재편'이라는 말은 피아노 연습이 몸의 내부뿐 아니라 삶 전체에 어떤 변화를 일으킨다는 사실을 의미한다.

2018년부터 주52시간 근무제가 시행되었지만, 한국의 노동시간은 OECD 국가 중 여전히 가장 긴 편에 속한다. 2018년 기준 임금근로자의 연간 근로시간은 1,967시간이며 OECD 국가 중 다섯 번째로 길다. 통계청이 발표한 '2019년 한국의 사회지표'에 따르면 자신의 삶에 만족하는 사람은 60.7퍼센트로 한 해 전보다 3퍼센트포인트가 하락했다. 일에 대한 만족도도 낮아져 자신이 하는 일이 가치 있다고 생각하는 사람은 63.9퍼센트로 전년 대비 4퍼센트포인트가 줄었다. 만족스러운 인생을 원한다면 휴식과 충전의 시간을 더 열심히 가져야 함을 일깨우는 통계가 아닐까.

취미 없는 사람들과 OTT의 전성기

이미 익숙해서 잊고 지내지만 불과 20년 전만 해도 토요일은 반半공일이었다. 반만 쉬는 날이라는 뜻이다. '오전 근무, 오전 수업'이라는 말이 흔하던 시절이다. 주5일 근무제는 2003년 개정된 근로기준법에 따라 실시되었다. 은행 등이 먼저 도입하고 대기업 등으로 확대되어 2005년에야 자리 잡기 시작했다. 당시 언론과 경제단체들은 입을 모아 주5일제가 도입되면 한국경제는 그야말로 '폭망'한다고 떠들었다.

한편 국민은 자기 시간을 어떻게 활용해야 하는가에 대한 감각 자체가 없었다. '나'보다는 '우리'가 중심인 한국 특유의 노동 문화는 개인의 여가를 압박하고 일 중심의 사회를 당연한 것으로 만들어왔기 때문이다. 갑자기 개인에게 주어진 자유로운 시간을 어떻게 다루어야 할지 어려워했다. 심지어 주5일제 시행 후 10년이나 지난 2015년 조사에서조차 국민 절반이 자기만의 취미를 가지고 있지 않은 것으로 나타났다. 2015년 12월《서울경제》 신문이 한국리서치에 의뢰해 전국에 거주하는 만 19세 이상 성인남녀 1,002명을 대상으로 설문 조사한 결과, 취미가 없다고 답한 사람이 51.4퍼센트를 차지했으며, 취미를 가지려 노력하지 않는다는 응답도 51.1퍼센트로 집계된 바 있다.

2020년 코로나 사태 이후 전 세계적으로 폭발적인 성장세를 보인 분야 중 하나가 OTT(Over The Top) 분야다. OTT는 기존 통신과 방송사가 아닌 새로운 사업자가 드라마나 영화 등 다양한 미디어 콘텐츠를 제공하는 인터넷 서비스로, 넷플릭스나 디즈니플러스 같은 사업자들이 대표적이다. 넷플릭스만 해도 코로나 사태의 영향으로 2020년 상반기에만 2586만 명이 새로 가입하는 등 2020년 6월 말 기준 누적 유료 가입자 수를 1억 9295만 명 선으로 끌어올렸다. 애초 예상의 2배에 가까운 증가세라고 한다. 유튜브의 지속적 성장은 말할 필요도 없다. 레거시 미디어Legacy Media들의 침체가 눈에 띄는 가운데 이런 새로운 콘텐츠 미디어의 전방위적 확장은, 한편으로 대중의 편중된 여가 혹은 취미생활의 단면을 보여주는 것으로 해석할 수도 있다. 굳이 통계 수치를 들이밀지 않더라도 언제 어디서나 스마트폰에 시선을 고정하고 있는 대다수가 소비하는 콘텐츠가 무엇인가는 우리 스스로 체감할 수 있으며, OTT가 지배하는 세상에 살고 있음을 부인하기 어렵다.

다른 측면에서의 접근도 가능하다. 극단적인 저출산 추세와 1인 가구의 급격한 증가세는 남녀 불문하고 비혼, 만혼, 이혼 등이 큰 원인인 것으로 보인다. 이에 따라 가족의 개념 자체가 흔들

'우리' 혹은
'가족' 안에서
형성되던 여가와
취미의 경향이
'나', 개인이라는
범위로 응축되는
현상이 나타난다.

리고 개인의 생활양식, 삶의 방식 자체가 크게 변화하는 상황이다. 결국 '우리' 혹은 '가족'이라는 경계 안에서 형성되던 여가와 취미의 경향이 전적으로 '나', 개인이라는 범위로 응축되는 현상이 나타난다. 어쩌면 이런 경향에 가장 적합하고 손쉬운 문화 소비 방식이 오늘날 극단적이고 편향적인 여가 활용의 결과로 나타나는 것은 아닐까.

참여하고 실천하는 방식의 취미생활, 혹은 같이하고 소통하는 방식의 취미생활에서 일관되게 영상 중심의 콘텐츠를 소비하는 방식의 취미생활이 압도적 우위로 변화해가는 이 시대의 흐름에는 '나', 개인의 문제가 자리 잡고 있다. 네트워크 시대는 우리에게 새로운 다원주의의 가능성을 열어주는 듯 보였다. 그런데 개인으로 파편화되었으나 획일적인 무언가에 또다시 지배될 수밖에 없는 새삼스러운 장을 연 것은 아닌지 의심해볼 만하다.

/ 정희정

참고 자료

앨런 러스브리저, 『다시, 피아노』, 이석호 옮김, 포노, 2016 | 울리히 슈나벨, 『휴식』, 김희상 옮김, 걷는 나무, 2011 | 「당신의 취미는 무엇입니까(상)—'일 중심 사회'의 초상」, 《서울경제》, 2015년 12월 6일 | 「직장인의 문화참여지원 활성화를 위한 연구」, 산업연구원, 2015

취미생활을 위한 온라인 플랫폼

해야 할 일에 치여 좋아하는 일이 무엇인지 생각해볼 겨를도 없이 살다 문득 '취미 하나 가져볼까?' 하는 생각이 들었다면, 도움받을 곳이 도처에 넘쳐난다. 백화점 문화센터나 주민센터 강좌처럼 고전적인 대면 강좌는 물론, 각종 취미 강의가 온라인 공간에서 진행되고 있다.

특히 온라인 강의가 활성화되면서 최고 전문가들의 강의도 시간과 비용의 부담 없이 방 안에서 쉽게 접할 수 있다. 세계적으로 유명한 작가로부터 사진이나 글쓰기를 배울 수도 있고, 정재계 며느리들이 앞다투어 찾아가 배운다는 한식 대가의 강의도 클릭한 번으로 들을 수 있다. 원하는 강의를 주문하면 필요한 모든 재료와 도구가 들어 있는 키트가 배송되고, 어디서든 온라인에 접속해 강의 영상을 반복해서 보며 배우고 즐기면 된다.

잘하고 좋아하는 일을 하면서 수익을 창출할 수도 있다. 온라인 취미 강좌 영상이 인기를 끌어 돈을 많이 버는 이들도 생겼다.

온라인 취미 교육 시장의 폭발적 성장을 반증하듯, 클래스101(class101.net)이라는 플랫폼 기업은 100억 원이 넘는 투자를 유치했으며, 온라인 취미 교육 플랫폼의 춘추전국시대라 할 만큼 웬지(wenzi.io), 솜씨당(sssd.co.kr), 커넥츠 취미클래스(hobby.conects.com), 하비풀(hobbyful.co.kr) 등 다양한 업체가 경쟁하고 있다.

편의점
─처음 알게 된 맛

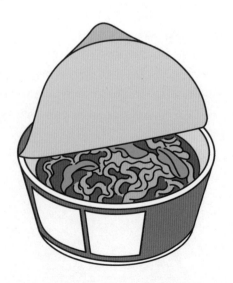

허기를 달래고
쏟아지는 졸음을
쫓으며
잠시 숨을 고르는
10분 남짓

혼자만의 시간
혼자만의 공간.

걸어서 3분, 우리 동네 편의점

편의점에서 처음 알게 된 '특별한 맛'이 있다. 점심시간에
몰래 학교 밖에 나가 사 먹는 삼각김밥의 '몰래 먹는 맛',
동네 슈퍼와 달리 신상품이 자주 들어와서 '구경하는 맛',
가성비+가심心비 모두 잡은 '꿀조합' 메뉴나 1+1 정보를 꿰고
있는 친구랑 같이 가면 더 재밌는 '우정의 맛'도 있다.

편의점 가는 길이 마냥 신났던 열한 살, 컵라면 뚜껑을 반만
뜯어야 하는데 끝까지 다 뜯어버려 황당해했던 열세 살,
친구들과 편의점을 아지트 삼았던 열네 살, 물건 훔치는
현장을 난생처음 목격했던 열다섯, 좋아하던 과자가

단종되는 바람에 영영 이별해야 했던 열여섯 살을 지나면서
알게 된 편의점의 맛.

'밥은 언제든 먹을 수 있지만 공부는 때를 놓치면
안 되니까……'라며 항상 시간에 쫓겨 먹던
'초조한 맛'에서부터 학원과 학원 사이 '학원 끝나면
늘 허기지니까……' 먹어도 먹어도 '허전한 맛'까지.
편의점에서 처음 알게 된 맛이 있다.

아침부터 늦은 밤까지 하루 15시간 이상을 집 밖에서 허기를
달래고 쏟아지는 졸음을 쫓으며 잠시 숨을 고르는 10분 남짓
혼자만의 시간, 혼자만의 공간.
어느새 편의점은 내게 없어서는 안 되는 곳이 되었다.

어디에나 있지만
막상 없으면
허전하고 가고 싶은
그런 장소, 편의점.

편의점의 역사:
편의점, 한국을 뒤덮다

편의점은 1927년 미국 텍사스주 사우스랜드 제빙회사의 한 상점이 마을 주민의 편의를 위해 얼음의 냉기를 이용해 신선한 식료품을 팔기 시작한 데서 시작했다. 다른 점포들과 달리 저녁과 일요일에도 문을 연 것이 인기를 얻어 1946년 오전 7시부터 밤 11시까지 영업한다는 것을 강조하기 위해 상호를 '세븐일레븐Seven Eleven'으로 변경했다. 이후 프랜차이즈 체인을 바탕으로 미국 최대의 소매 유통기업으로 성장한 세븐일레븐은 1973년 슈퍼마켓 체인 이토요카도와 라이선스 계약을 맺고 일본에 진출하면서 세계 최고의 편의점으로 빠르게 성장했다. 그러나 미국의 세븐일레븐은 월마트 등 대형 유통 체인점이 보급되면서 가격 경쟁과 사업 다각화에 실패해 1991년 '세븐일레븐 재팬'에 흡수 합병되었다. 미국에서 출발한 편의점은 현재 발상지인 미국보다 오히려 한국·일본·타이완 등 아시아 시장에서 소매 유통점으로 더욱 보편화되었다.

국내 편의점의 시초는 1982년 11월 롯데그룹이 오픈한 '롯데

세븐' 신당동점이다. 당시 영업시간이 오전 7시부터 오후 11시까지였는데, 매출 저조로 3년 만에 사라졌다. 1986년 아시안게임과 1988년 서울올림픽 이후 소비수준이 높아지면서 편의점이 다시 등장했다. 편의점 업계에서는 1989년 5월 서울 방이동에 들어선 '세븐일레븐 올림픽점'을 사실상 국내 1호 편의점으로 꼽는다. 이후 '로손', '서클-K', '패밀리마트', '미니스톱', 'LG25', '바이더웨이' 등의 브랜드가 차례로 문을 열면서 편의점은 기업의 신성장 산업으로 급부상하기 시작했다.

한국 편의점은 미국보다 60년, 일본보다 20년 늦게 도입되었으나 성장세는 가팔랐다. 1989년에는 전국에 단 7곳뿐이었으나 1993년 1,000호 점을 돌파했고, 2007년에는 전국 점포 수 1만 개를 넘긴 후 2018년 말 기준 총 4만 2,712개의 편의점(매출액 24.4조)이 영업 중이다. 편의점 왕국이라고 불리는 일본이 인구 2,249명당 편의점 1개 수준인데, 한국은 인구 1,348명당 1개꼴로 전 세계에서 편의점 밀도가 가장 높다. 그러나 이런 급성장의 이면에는 대기업 중심의 유통 구조에 밀린 동네 슈퍼의 생존권과 과열 경쟁으로 인한 가맹점주들의 경영난 등 고질적 사회문제가 깔려 있어, 점포 수를 늘려 사업을 성장시키려는 가맹본사와 낮은 수익성으로 고통받는 가맹점 간 분쟁이 끊이지 않는다.

이런 가맹 분규와 수익성 악화를 겪은 편의점 업계는 인수합

병의 소용돌이를 거친 후 대기업 중심으로 재편되기 시작했다. 1996년 이후 'LG25'(현재 GS25)와 '패밀리마트'(현재 CU)가 양강 구도를 형성한 가운데, 1994년 롯데백화점이 '세븐일레븐' 운영업체인 코리아세븐을 인수하고 1999년 코오롱상사의 '로손'과 이후 '바이더웨이'까지 흡수합병하며 뒤를 바짝 추격했다. 뒤이어 2014년 신세계그룹이 '위드미'를 인수하면서 국내 편의점은 GS그룹의 'GS25', 보광그룹의 'CU', 롯데그룹의 '세븐일레븐', 신세계그룹의 '이마트24'가 곳곳에서 각축을 벌이고 있다.

1인 가구와 편의점:
'24시간 구멍가게'에서 '생활 서비스 플랫폼'으로

편의점족, 편도족(편의점 도시락으로 끼니를 때우는 사람들), 편의점 꿀조합, 모디슈머(Modisumer: 사용자가 자신만의 방식으로 제품을 활용) 등 편의점을 중심으로 새로운 문화가 등장하고, '편의점 인근이 살기 좋다'는 뜻의 '편세권'이라는 신조어가 등장할 정도로 편의점은 다양한 제품은 물론 편리한 공간으로 우리 생활 깊숙이 자리 잡

왔다. 편의점은 이제 도심 속 작은 오아시스처럼 우리에게 위안과 편의를 제공하는 공간으로서 젊은층의 트렌드를 이끌고 있다.

산업통상자원부가 발표한 '2019년 주요 유통업체 매출 동향'에 따르면 백화점과 대형마트의 매출은 전년 대비 각각 0.1퍼센트와 5.1퍼센트 하락한 반면, 편의점은 4.1퍼센트 증가했다. 이는 1인 가구와 밀레니얼 세대가 소비 주축으로 떠오르면서 백화점이나 대형마트를 찾기보다는 익숙한 편의점과 인터넷을 이용하기 때문인 것으로 분석할 수 있다.

우리나라 편의점의 변화 중 흥미로운 점 가운데 하나는 식당 역할을 겸하는 '푸드점화'다. '24시간 국민 냉장고', '88만 원 세대의 밥집'이라고도 불리는 편의점은 혼자서 한 끼를 간단히 해결하기 좋은 장소다. 최근에는 라면이나 삼각김밥, 샌드위치와 같이 끼니를 대신하는 간단 먹거리 외에도 업체들이 자체 생산한 도시락이나 가정간편식, 신선식 시장이 발전해 한 끼 식사로 손색없는 '편스토랑'이라는 신조어도 생겼다. 또 원스톱 소비를 가능하게 하는 획기적인 공간 변화도 잇따른다. 바리스타를 둔 카페형 편의점, 도서관처럼 책을 빌려주는 편의점, 약국·노래방 병설 편의점, 카페·화원·레고숍 등을 갖춰 복합문화공간을 지향하는 편의점 등도 생겨나고 있다.

'24시간 구멍가게', '비싼 슈퍼마켓' 정도로 인식되던 편의점은 이제 '물건'을 파는 24시간 '가게'에서 '편의'를 위한 '종합 생활 플랫폼'으로 변신 중이다. ATM과 각종 요금 수납을 위한 금융 거래, 택배, 교통카드나 휴대폰 충전, 전기차나 킥보드 충전, 카셰어링 서비스, 세탁 배달 서비스 외에도 편의점의 생활 서비스 영역은 나날이 확대되고 있다. 그 밖에도 1997년 공공요금 수납 서비스를 시작으로 민원서류 발급과 지방세와 국세 납부 등 공공 서비스 기능을 꾸준히 강화해왔으며, 최근에는 아동 안전지킴이 같은 치안 영역이나 독거노인 보호와 관리라는 사회복지 부문에까지 진출하고 있다. 또 대면 결제와 쇼핑을 불편해하는 고객을 위한 무인 편의점이 등장하고, 점포 자체를 넘어 스마트 자판기를 도입하는 등 편의점은 계속해서 발생하고 변화하는 고객의 욕구와 불편함을 해결해 '편의'를 제공하는 장소로서 계속 진화하고 있다.

/ 장우진

참고 자료

전상인, 『편의점 사회학』, 민음사, 2014 | 혼다 도시노리, 『삼각김밥 혼다씨』, 이콘, 2018 | 「편의점, 대형 생활플랫폼으로 변신 중」, 《마이더스》, 2019년 11월 23일 | 윤태석, 「"24시간 구멍가게" 신기했던 편의점, 종합서비스 공간 되었지만」, 《한국일보》, 2019년 4월 5일 | 「편의점의 진화, 어디까지?」, 《월간중앙》, 2017년 7월 17일 | 「과당 경쟁에 최저임금 인상 악재 겹쳐」, 《이코노미스트》, 2018년 4월 30일 | 「소설 '작은 장르'된 편의점 문학」, 《경향신문》, 2017년 1월 25일 | 「편의점이 없다면 우리는 시민도 아니다」, 《중앙선데이》, 2007년 4월 27일

ⓔ **Tip Box**

읽어보자! 편의점 문학

편의점은 1인 가구 시대 삶의 표정을 가장 잘 보여주는 소비 공간이자 지친 도시인들의 작은 오아시스다. 우리 삶 깊숙이 들어온 편의점은 문학에서도 이야기의 주요 공간으로 등장하는데, 편의점이 소설의 주요 공간으로 등장하기 시작한 것은 2000년대 중반부터다. 대표적인 작품으로 윤대녕의 『추억의 아주 먼 곳』, 김중혁의 『펭귄 뉴스』, 구광본의 『맘모스 편의점』, 김애란의 『나는 편의점에 간다』 등이 있다. 편의점은 IMF 외환위기 이후 젊은 세대들의 가장 전형적 아르바이트 공간이 되면서 본격적으로 소설의 탐구 대상으로 자리 잡았다. 이들 소설에서 편의점은 도시의 서정을 드러내는 문화적 풍경의 하나로 등장하기도 하고, 새로운 사회 시스템의 산물이자 치열한 계급 갈등의 접전지로 나타나기도 한다. 이제 하나의 '소小 장르'가 되었다고 평가받는 '편의점 문학'을 통해 동시대를 살아가는 사람들의 이야기에 귀 기울여보자.

박영란의 『편의점 가는 기분』은 편의점에서 야간 아르바이트를 하는 18세 소년과 편의점을 찾는 다양한 이들이 정을 쌓고 보듬어가는 과정을 가슴 뭉클하게 그렸다. 차영민의 『달밤의 제주는 즐거워』는 제주에 사는 젊은 작가가 편의점에서 아르바이트하며 겪은 에피소드를 진솔하고 익살스럽게 담아낸 에세이고, 아쿠타가와상을 수상한 무라타 사야카의 『편의점 인간』은 취직에도 연애에도 관심 없이 홀로 18년째 같은 편의점에서 일하는 작가 자신을 모델로 한 소설이다. 이 밖에도 많은 편의점 문학작품이 1인 가구 시대를 살아가는 독자들에게 공감과 위로를 전하고 있다.

체리와 민트

낡은 천장과 벽 사이
견딜 수 없는 지옥의
체리색 몰딩과
현관문을 열면 가장
먼저 보이는 부엌의
민트색 선반…….

1인 가구의 셀프인테리어 도전

자취 8년 차, 반지하와 옥탑방, 고시원을 거쳐 드디어
투룸이다! 20년 된 투룸 빌라지만 괜찮다. 드디어 우리
집에도 방문이 생겼고, 빨래 건조대를 펴놔도 다리 뻗고
잘 수 있으며, 8년 만에 처음으로 식탁과 책상을
분리할 수 있다. 그런데 집이 넓어지니 생각이 많아진다.

'벽지가 얼룩진 곳에는 전신 거울을 놓아야지.'
'겨울이 오기 전에 암막 커튼을 달아야지……'

하지만 아무리 가려도 가려지지 않을 것 같은 낡은 천장과
벽 사이 견딜 수 없는 '지옥의 체리색 몰딩' 그리고 현관문을
열면 가장 먼저 보이는 부엌의 '민트색 선반'.

20년 넘게 한국을 지배하는 공포의 체리색 몰딩은 가뜩이나
좁은 집을 더 답답해 보이게 한다. 이참에 큰맘 먹고
셀프인테리어에 도전해볼까? 환해진 남의 집을 구경하며
용기는 얻었지만, 방 하나에서 집으로 이제 막 옮겨왔는데
또 다른 결심에는 더 큰 용기가 필요하다.

"여기보다 좀 덜 오래된 집은 없나요?"
그러자 돌아온 부동산 아저씨의 대답.
"이 가격에 투룸이면 뭔가를 포기해야지."
그래도 반지하, 옥탑방, 고시원은 아니니까.
이 정도면 집다운 집에 사는 거니까.

2년 후에는 꼭 셀프인테리어가 필요 없는 새집으로 가야지.
그런데 그때가 되면 또 무엇을 포기하게 될까?

방 하나에서 집으로
이제 막 옮겨왔는데
또 다른 결심에는
더 큰 용기가 필요하다.

'지옥고'와 '민달팽이 세대':
주거 난민 청년 가구가 살아가는 법

'지옥고'라는 말이 있다. 반지하, 옥탑방, 고시원에서 각각 한 글자씩 따온 말로 청년들의 지옥 같은 주거 환경을 대변하는 신조어다. 감당하기 힘들 정도로 치솟은 부동산 가격 때문에 청년들은 주거 빈곤에 시달린다. 주거 빈곤이란 '지옥고'나 컨테이너·비닐하우스 등 최저 주거 기준(1인당 14제곱미터)에도 못 미치는 곳에 사는 것이다. 2000년부터 15년 동안 전국 기준 주거 빈곤율이 29.2퍼센트에서 12퍼센트까지 절반 넘게 줄어든 데 반해 청년들, 특히 서울에 사는 20~34세의 주거 빈곤율은 같은 기간 31.2퍼센트에서 37.2퍼센트로 오히려 늘어났다. 청년 10명 중 4명은 주거 빈곤자인 셈이다.

그래도 '지옥고'에 사는 것은 그나마 낫다. 지옥고 아래에는 '쪽방'이 있다. 쪽방은 열악한 환경에도 보증금이 없는 도시의 빈자들이 거리로 내몰리기 전 마지막으로 몸을 누이는 곳이다. 대부분 무허가 숙박업으로 운영되는 쪽방은 1.6~6.6제곱미터(0.5~2평) 내외의 좁은 면적에 밥을 할 공간도, 샤워실이나 화장실도 없다.

도시의 주거 비용이 가파르게 오르면서 판잣집, 비닐하우스, 달방(여관이나 여인숙의 월세방), 고시원, 쪽방 등 비주택에 사는 인구가 급격하게 증가하는 추세다. 대학가 원룸촌도 '신쪽방촌'으로 바뀌고 있다. 월세를 더 걷기 위해 다세대·다가구 주택의 전용 면적을 쪼개 더 많은 원룸을 만들어 세를 놓는 불법 행위가 만연한다. 기숙사 신축을 한사코 반대하는 건물주, 기숙사 마련에 소극적인 대학, 이를 묵인하는 행정기관. 지금 대학촌에는 청년 세대의 곤궁한 처지를 이용해 돈을 버는 '빈곤 비즈니스'가 한창이다. 지옥고에 내몰렸을 뿐만 아니라 비싼 월세를 내고도 주거 빈곤에 시달리는 청년들은 이제 껍데기(집) 없이 팍팍한 현실 속 열악한 주거 환경에서 살아가야 하는 '민달팽이 세대'가 되었다.

이처럼 열악한 주거 환경에 놓인 1인 가구의 주거비 부담을 줄이기 위해서는 기존의 4인 가구 표준에서 벗어나 1인 가구 특성에 맞는 주택 공급 확대가 절실하다. 1인 가구는 성별, 나이, 점유 형태, 소득 계층, 거주 지역 개별 속성에 맞춘 주거 공급 계획이 필요하다. 4인 가족 단위 아파트의 경우 공급만으로도 운영될 수 있지만, 1인 가구 공동주택이나 셰어하우스는 갈등 관리와 커뮤니티 공간 관리가 필수적이다. 현재 정부나 지방자치단체에서 운영하는 행복주택, 공공실버주택, 서울형 바우처, 공공원룸, 따복하우스 등이 있지만 증가하는 1인 가구 수요에 대응하기에는 공급 물량이 턱없이 부족한 상황이며 입주 조건도 까다롭다. 물론 공급 물량에만 초점을 맞춘다면 실패할 공산이 크다. 1인 가구의 특성상 학교나 직장과 가깝고 교통이 편리한 도심에 거주하기를 선호하기 때문에 입지 조건 역시 중요하게 고려해야 한다. 그밖에 주거비 부담 완화를 위해 저렴한 주택 공급과 함께 보증금 마련, 주거급여, 자가주택 마련 등을 위한 경제적 지원도 뒷받침되어야 할 부분이다.

1인 가구 셀프인테리어:
칙칙한 자취방의 변신

1인 가구의 집은 대부분 2년 계약의 전월세 형태다. 임시로 거처하는 공간이기에 예쁘게 꾸밀 필요가 없었다. 그러나 1인 가구가 점차 늘어나고 혼자 사는 기간이 길어지면서 자기 취향대로 주거 공간을 꾸미려는 욕구가 커지고 있다. 젊은 세대들은 예쁘게 셀프인테리어를 한 방을 온라인에 공개하기도 한다. '방스타그램', '집스타그램'이라는 해시태그를 붙여 SNS에 올리거나 1인 방송 채널에 소개한다. 방을 보여주는 사람들은 타인으로부터 인정받고 방을 보는 사람들은 대리만족을 한다. 방을 꾸미고 꾸민 방을 소개하는 일련의 행위는 집 꾸미기를 통해 현재의 삶을 풍요롭게 가꾸려는 '욜로 라이프'식의 표현이기도 하다.

전문 업체를 통해 거금을 들여야 하는 일로 여겨지던 인테리어는 이제 혼자서도 손쉽게 할 수 있는 일이 되었고, 관련 분야의 비즈니스도 급성장하고 있다. 가구나 조명, 인테리어 소품, 벽지 등으로 집을 꾸미는 '홈퍼니싱'(Home+Furnishing) 시장은 2015년 12조 5000억 원에서 2023년 18조 원까지 증가하리라 예상된다. 셀프인테리어에 관심 있는 소비자가 많아지면서 모바일과 온라인을 통해 정보를 얻으려는 사람도 많아졌다. 셀프인테리어 전문 카페 '레몬테라스'의 회원은 300만 명에 달하고, 인테리어 고수들이 꾸민 집을 볼 수 있는 앱 '오늘의 집'은 500만 명 이상이 다운로드했다.

셀프인테리어를 시작할 때는 먼저 인테리어의 목적과 공간의 콘셉트를 정하는 일이 중요하다. 그리고 그에 맞는 예산과 공사 기간, 공사 순서 등을 계획해야 한다. 좁은 집이라면 공간을 효율적으로 활용하는 데 그 목적을 둘 수 있을 것이다.

비용 대비 인테리어 효과를 크게 볼 수 있는 방법으로는 페인팅과 도배가 있다. 도배는 세입자가 원하면 집주인이 해주는 경우가 많으므로 계약서를 작성할 때 미리 확인하자. 1인 가구의 인테리어는 가구 고르기와 배치가 전부라고 해도 과언이 아니다. 특히 인테리어를 할 수 없는 셋집에 산다면 자신이 좋아하는 가구를 둠으로써 공간에 대한 애정을 키울 수 있다. 또 공간 활용도가 높은 가변형 가구(펼치면 침대가 되는 소파, 접이식으로 꺼내 쓸 수 있는 테이블 등)나 팝업 가구로 바꿔 공간을 효율적으로 활용할 수도 있다. 그 밖에 창문에 커튼을 달거나 바닥에 카펫이나 러그를 깔고 조명을 바꾸는 것으로도 전체 분위기를 바꿀 수 있다.

/ 장우진

참고 자료

이준영, 『1코노미』, 21세기북스, 2017 | 서정렬, 『1인 가구』, 커뮤니케이션북스, 2017 | 서윤영, 『침대는 거실에 둘게요』, 다른, 2020 | 양승환, 『세미 셀프 인테리어 시대가 왔다』, 한국경제신문, 2019 | 이영성·유현지, 「1인 가구의 증가와 주택시장 및 주거형태의 변화」, 통계청 통계개발원, 2016 | 「월수입 30% 이상 써도 '지옥고', "구치소 독방도 방음 된다더라"」, 《국민일보》, 2019년 2월 27일 | 「서울 1인 청년가구 37% '지옥고'서 산다… "주거빈곤 역주행"」, 《연합뉴스》, 2018년 6월 28일 | 「쪽방촌 뒤엔… 큰손 건물주의 '빈곤 비즈니스'」, 《한국일보》, 2019년 5월 7일 | 「'혼자'와 '함께' 넘나드는 1인 가구 '연결하고, 공유하며, 편리하게'」, 삼성뉴스룸, 2017년 11월 1일

'홀로'와 '함께'를 즐기는 셰어하우스

원룸보다 비교적 저렴한 보증금과 월세로 보다 쾌적한 환경에서 살 수 있는 '셰어하우스'가 1인 가구 청년들의 주거 문제를 해소할 대안으로 떠오르고 있다. 셰어하우스는 침실과 같은 개인 공간은 따로 사용하고 거실, 화장실, 욕실, 주방 등을 공유한다. 경제적 부담은 줄이면서 타인과 관계를 맺음으로써 외로움을 줄일 수 있어 새로운 주거 트렌드로 자리 잡고 있다. 최근에는 수요가 몰리면서 대형 셰어하우스 운영사와 전문 포털업체가 등장했다.

국내 최대 소셜하우징 '우주' 대형 평수의 집을 개조해 젊은층에게 보증금 없이 임대하는 방식으로 운영된다. 입주자들의 취미나 공감대를 중심으로 다양한 테마의 셰어하우스가 있다.

외국인과 함께하는 '보더리스 하우스' 외국인과 집을 공유해 생활한다는 국제 교류를 콘셉트로 한 셰어하우스다. 한국인과 외국인의 비율을 5 대 5로 맞춰 매칭을 한다.

셰어하우스 전문 포털 '컴앤스테이' 2016년 서비스를 시작한 후 여러 메이저 셰어하우스 업체들이 등록할 뿐만 아니라, 서울시에서 지원하는 사회주택 '빈집'과 주택도시보증공사가 후원하는 '허그 셰어하우스' 등 입주 비용이 저렴한 공유주택도 소개한다.

서울시 사회주택 '자몽셰어하우스'와 반값 원룸 시세의 80퍼센트 수준 임대료로 최장 10년간 거주할 수 있다는 것이 장점이다. 서울시와 신용보증기금이 안심보증 상품을 통해 입주자의 보증금을 100퍼센트 보장해준다. 서울시가 부지를 매입하거나 건물 리모델링 비용을 지원한 공공지원형 민간임대주택으로 '마을과집' 등 주거 관련 사회적경제 사업자가 운영한다.

나는 N잡러입니다

무슨 일을 할 때
가장 나답고
가장 행복할지
찾아 나선 사람들.

가장 '나'다운 일을 찾아가는 세대

평생직장에 몸 바쳐 일한 사람도 있고, 수십 년 동안
한 분야에 몰두해 전문가가 된 사람도 많습니다.
하지만 나는 'N잡러'입니다.

회사에서는 디자이너, 퇴근 후에는 유튜버이자 SNS 1인 마켓
운영자로 여러 일과 취미를 병행하죠. 처음에는 직장에서
받는 스트레스를 풀려고 영상 제작을 시작했어요.
취미 생활로 돈도 벌 수 있고, 영향력이 생기자 또 다른
직업을 얻게 되었죠. 그래도 회사를 그만둘 생각은 없어요.
앞으로도 N잡을 이어갈 생각이에요.

N잡러는 단순히 생계를 위해 여러 일자리를 갖는
'투잡족'과는 다르다고 생각해요.
하나의 조직 문화에서 벗어나 하고 싶은 일을 원하는
시간만큼 선택해 근무 강도를 조절하면서 일하기 때문이죠.
본업이 주는 고용 안정과 새로운 일을 향한 도전 의식을
동시에 채우고자 하는 욕구.
이것은 1980년 이후부터 2000년대에 태어난 2030세대를
중심으로 나타난 새로운 가치관이죠.

그러다 보니 다양한 일자리를 경험하기 위해 직장을 자꾸
옮기게 되는 것도 사실입니다.
청년층(15~29세)의 첫 직장 평균 근속 기간이 1년 6개월도
안 된다(통계청, 2020년 5월 자료)고 걱정하는 어른들이 많은 것
같아요. 하지만 변화하는 시대에 맞춰 일자리에 대한 개념도
달라지는 게 당연한 일 아닌가요?

수십 년간 다녀야 하는 평생직장이 아닌 무슨 일을 할 때
가장 나다울지 무슨 일을 할 때 가장 행복할지 찾아 나선
사람들…….
나는 N잡러입니다.

N잡러 시대와 주52시간 근무제

여러 직업을 가진 사람인 N잡러가 늘고 있다. 그 배경에는 주 52시간 근무제의 확산과 다양한 일을 시도하도록 장려하는 사회적 분위기, 단기 노동과 재능 거래 그리고 콘텐츠 유통을 통해 수익을 창출하는 각종 플랫폼 중심의 '긱 경제Gig Economy' 체제가 자리 잡고 있다.

주52시간제는 OECD 국가 중 근로시간 1, 2위를 다투는 '과로 공화국'에서 벗어나기 위해 도입되었다. 주52시간은 법정근로시간 40시간에 연장·휴일근로 12시간을 더한 기준이다. 2018년 7월 300인 이상 사업장부터 시작했고, 50인 이상 299인 이하 사업장에는 2020년 1월부터 적용되었다. 2021년 7월부터는 5인 이상 49인 이하 사업장으로 확대된다.

통계청에 따르면 주52시간제 시행 후 초과 노동 취업자는 계속 감소하고 있다. 2018년 노동시간이 주52시간을 초과한 취업자는 450만 5,000명으로 2017년 531만 8,000명에 비해 15.3퍼센트(81만 3,000명)가 줄었고, 2019년에는 402만 7,000명으로 전년보다 10.6퍼센트(47만 8,000명)가 감소했다.

노동시간의 감소, 칼퇴근 문화의 확산 등은 '워라밸'(Work-life balance의 줄임말)을 중시하는 사회로 가는 데 큰 영향을 미친다. 2019년 통계청 사회조사에서 일과 가정생활의 균형을 중시하는 이들이 늘어난다는 것을 확인할 수 있다. 그동안에는 일과 가정생활 중 일을 우선시한다는 답변이 많았으나, 2019년 처음으로 일과 가정생활을 비슷하게 여긴다는 응답이 44.2퍼센트로 일을 우선시한다는 응답(42.1퍼센트)보다 높았다. 현재 다니는 직장에 만족한다는 답변은 32.3퍼센트로 2년 전(27.7퍼센트)에 비해 4.6퍼센트포인트 상승했는데, 그중 근로시간 만족도는 2년 전에 비해 6.5퍼센트포인트 상승한 34.5퍼센트였다.

근로시간이 짧아 일을 더 하고 싶어 하는 '추가 취업 가능자' 수는 2019년 74만 2,000명으로 2018년 62만 4,000명보다 12만 명 가까이 늘었다. 부업을 하는 사람 수도 늘었다. 2019년 1~10월 월평균 부업자는 47만 3,067명으로 역대 최고를 기록했다. 이는 2018년 같은 기간 평균인 43만 3,731명보다 약 4만여 명이 많은 수치다.

디지털 플랫폼을 통해 임시직, 독립형 계약 근로자로 일하는 '긱 워커Gig Worker'를 중심으로 돌아가는 긱 경제의 발달은 더 많은 N잡러를 만들어내고 있다. '긱'은 일시적인 일이라는 의미인데, 1920년대 미국 재즈 클럽에서 필요에 따라 그때그때 연주자를 섭외해 공연한 데서 유래했다. 노동연구원은 특수형태 근로

종사자 220만 9,000명(2018년 말 기준) 가운데 55만 명 정도를 긱 워커로 추정한다.

한 사람이 하나의 직업을 갖던 세대에게는 직업이 곧 그 사람을 나타내는 핵심 키워드였다. 그러나 한 사람이 여러 직업을 갖는 N잡러 시대인 오늘날에는 '다중인격'이 일상화되었다. 인터넷의 발달과 함께 이미 예고된 일인지도 모른다. 페이스북, 인스타그램 등 '현재'를 지배하는 SNS에서도 그런 경향이 나타난다.

하지만 이제 사이버 공간은 가상이 아니라 현실보다 더 현실적인 공간, 우리의 생활을 좌우하는 실존적 무대다. 2020년 코로나19의 창궐과 함께 비대면 경제가 활성화하면서 세상의 무게중심이 이미 사이버 공간으로 옮겨간 것 같다. 유튜브 채널이 지상파방송사보다 광고 수익을 더 많이 올리고 있으며, SNS 활동으로 큰 영향력을 발휘하는 '인플루언서'는 아이들에게 인기 있는 장래 희망 직업으로 떠올랐다.

스피노자와 유튜브 '뒷광고'
그리고 긱 워커를 위한 소송

철학사에 한 획을 그은 스피노자(1632~1677)의 직업은 안경알 세공사였다. 프랑스 황제 루이 14세가 차기 저서를 자신에게 헌정하면 거액의 연금을 주겠다고 했지만 거절했고, 대학 교수직도 자유로운 철학 연구에 방해가 된다며 받아들이지 않았다. 생계를 위한 직업이 있었고 자유롭게 연구하며 철학자로서 자아실현도 한 스피노자는 어쩌면 요즘 2030세대 N잡러의 시조일지도 모른다.

그러나 다른 시각에서 본 스피노자의 인생은 '유대교 교리와 어긋난 주장을 펴다 파문당하고 유대인 공동체로부터도 격리당한 채 열악한 환경에서 안경알을 연마하는 일로 연명하다 44세에 폐병으로 숨졌다'고 비참하게 기록되어 있기도 하다.

요즘은 자신의 취미와 취향을 마음껏 드러내는 콘텐츠를 만들어 공유 플랫폼에 유통시켜 인기를 얻으면 큰돈을 벌 수 있다. 가장 대표적인 플랫폼은 유튜브이고, 영향력이 큰 인플루언서가 되면 광고 수익을 포함해 연간 30~50억 원 이상 번다는 이야기도 떠돈다.

하지만 협찬이나 대가를 받고 자신의 콘텐츠 속에 특정 상품이나 서비스를 소개한 사실을 제대로 알리지 않았다가 뒤늦게 밝혀져 구독자들로부터 엄청난 비난과 외면을 받은 사례도 있다. 2011년에는 파워블로거들이 제품 공동 구매를 진행하며 알선 대가를 받은 사실이 밝혀져 공정거래위원회로부터 과태료 처분을 받기도 했다. 이 사건은 파워블로거의 위세가 기우는 하나의 계기가 되었다. 좋아하는 일을 계속하기 위해 달콤한 제안을 거절한 스피노자의 교훈은 21세기 인플루언서와 N잡러들이 새겨들을 만하다.

대부분의 N잡러는 회사 몰래 또는 눈치를 보면서 창업하거나 또 다른 직업을 갖는다. 반면 대기업은 사내 스타트업을 육성하면서 회사 차원에서 공개적으로 N잡러를 만들어준다. 전문직 종사자들은 긱 워커가 되면서 더 많은 수입을 올리지만, 대부분의 긱 워커들은 불규칙한 고강도의 노동과 무한 경쟁 그리고 저임금에 불안해한다. 결국 N잡러 사이에서도 빈익빈부익부 현상이 심화된다는 이야기다. 일각에서는 현행 법률로는 긱 워커 보호에 한계가 있으므로 새 노동법이 필요하다는 논의가 진행 중이다.

미국 캘리포니아주는 긱 워커 보호를 위한 법안 AB5를 제정했는데, 일정 조건을 갖춘 긱 워커는 정규직으로 전환해야 한다는 것이 핵심이다. 그러나 업계에서는 이를 받아들일 수 없다고 맞서

소송 중이다. 매사추세츠주에서도 차량호출 서비스 업계 1, 2위인 우버와 리프트의 운전기사를 독립계약자(자영업자)가 아니라 노동자로 인정해달라는 소송이 제기되었다.

/ 정희정

참고 자료

윤영돈, 『채용 트렌드 2020: 아무도 말해주지 않는 채용 시장의 새로운 흐름』, 비전코리아, 2019 | 윤해성·박성훈, 『SNS환경에서의 범죄현상과 형사정책적 대응에 관한 연구』, 한국형사정책연구원, 2014 | 이상수, 「니체가 열광한 선배, 현대철학의 실험실 '스피노자'」, 《한겨레신문》, 2017년 4월 27일 | 「'본캐'는 직장인 '부캐'는 사장님… 지금은 'N잡러' 시대」, 《서울경제》, 2020년 8월 22일 | 「청년들 졸업 후 취업까지 평균 열 달 67%는 첫 직장 그만둬」, 《매일경제》, 2020년 7월 22일 | 「'주52시간·비정규직 증가'에 투잡 비중 7년 만에 최고」, 《아시아경제》, 2019년 11월 25일 | 「특고 등 회색지대 근로자 급증… 새로운 '근로계약법' 만들 때 됐다」, 《매일경제》, 2020년 7월 28일 | 「뒷광고 유튜버들, "제재는 9월부터, 먼저 먹고 튄 자가 승자"」, 《주간동아》, 2020년 8월 15일 | 김민아, 「'N잡러' 시대의 노동법 문제」, 《시사인》, 2020년 6월 10일 | 「싸이월드를 대신한 요즘 서비스… 다시 뜨는 '아바타'」, 블로터, 2020년 6월 20일 | 「코로나에 뜬 아바타 —소개팅·여행·쇼핑 등 아바타 너 어디까지 해봤니?」, 《매일경제》, 2020년 6월 24일 | 「플랫폼 노동의 확산 '긱 이코노미 시대'」, 기획재정부, 2019년 8월 30일 | 「"우버 기사도 노동자" 미 매사추세츠주도 '플랫폼 노동' 보호 소송」, 《경향신문》, 2020년 7월 16일 | 「디지털경제 확산에 '긱 워커' 급증… 지위 규정·보호장치는 걸음마」, 《서울경제》, 2019년 7월 1일

나도 N잡러가 되어볼까? 기업의 취업규칙 알아두기

개나 고양이를 좋아한다면 시간이 날 때 다른 이의 반려동물을 맡아 돌봐주거나 산책을 시켜주며 돈을 벌 수 있다. 반려동물 돌봄 서비스를 제공하는 업체의 펫시터로 등록해 원하는 시간대에 일하면 된다. 사진 촬영이 취미라면 찍어놓은 사진을 유료 이미지 판매 사이트에 등록하면 수익을 창출할 수도 있다.

걷기를 좋아하거나 자전거, 오토바이 타기가 취미라면 틈틈이 취미 생활을 하면서 택배나 음식을 배달해주고 수익을 올릴 수 있다. 자신의 재능과 노하우를 판매할 수 있는 프리랜서 중개 플랫폼(크몽, 탈잉, 숨고 등)도 여러 개 생겨났다. 블로그를 통한 마케팅, 인터넷 쇼핑몰 오픈, 유튜브 크리에이터 활동 등 직장 생활과 병행하며 돈을 벌 수 있는 일이 많다.

2020년 코로나19의 확산과 '사회적 거리두기' 강화로 배달 서비스 이용자의 급증, 재택근무 증가, 유연해진 노동 환경과 늘어난 자유 시간 등이 N잡러의 수요와 공급 양쪽을 모두 확대하고 있다. 그런데 직장인 또는 예비 직장인 중 'N잡러'로 활동할 계획이 있다면, 지금 다니는 회사 또는 다니게 될 회사의 취업규칙을 꼼꼼히 확인해야 한다. 회사는 취업규칙으로 '재직 중 다른 사업을 영위하거나 타 기업에 취업하는 것을 금지'할 수 있다. 취업규칙에 '겸직 금지 조항'이 없다면 N잡러는 지금보다 몇 배는 더 많았을 것이다.

우리나라 법원은 노동시간 외의 시간 활용은 노동자의 자유고 노동자가 다른 사업을 하는 것은 개인의 능력에 따른 사생활 범주에 속하므로, 기업 질서나 노무 제공에 지장이 없는 겸업까지 금지하는 것은 부당하다고 판단한다. 그러나 겸업으로 회사 업무에 지장을 초래하거나 회사의 명예나 신용이 훼손된다면 징계 대상이 될 수 있다.

참을 수 없는 간편함

혼자여도
근사한 요리를
원하는
당신을 위해.

간편하지만 품격 있는 한 끼를 스스로 만드는 재미

재깍재깍 시계가 돌아간다. 늦지 않고 출근하려면 서둘러야
한다. 아침을 챙겨 먹을 여유가 없다. 바쁜 일과에 쫓겨
점심도 대충 때우고 만다.
퇴근 후 집에 와서야 피곤했던 하루를 위로하며 근사한
저녁을 먹고 싶다. 오롯한 나만의 공간에서 나만을 위한 맞춤
메뉴로, 편리하게 그러나 우아하게.

장을 보고 재료를 다듬어 준비하고 조리하고 치우고…….
싱크대 앞에 그토록 오래 서 있는 것은 나를 다시 노동의
시간으로 밀어넣는 일. 절레절레 고개를 젓는다.

휴대폰으로 포털사이트에 접속해 검색해본다.
'세상에서 제일 간단한 요리 추천.'
혼밥족을 위한 추천 메뉴는 '밀키트Meal Kit'. 개별 포장된
재료와 소스, 레시피가 한 박스에 들어 있다.

오늘 저녁은 통통한 새우와 마늘이 예술인 '감바스 알
아히요'로 결정. 재료는 고추 편, 마늘, 다진 마늘, 새우 살,
토마토, 피망, 올리브유, 이탈리안 파슬리, 고춧가루
그리고 함께 먹을 바게트까지.
친절하게 알려주는 레시피를 따라 순서대로 조리하는 데
드는 시간은 단 10분, 고급 레스토랑 부럽지 않은 스페인
요리를 내게 대접하는 데 든 비용은 1만 원 남짓.
칼과 도마를 쓸 일 없이, 음식물 쓰레기를 처리할 일도 없이
보기 좋은 식탁을 차려낸다.

적당한 가격에 믿을 만한 재료로 간편하게, 거기다 스스로
요리했다는 뿌듯함까지. 편리미엄(편리함+프리미엄)과 높은
가시時비를 누리는 행복한 저녁 식사.
수고한 오늘을 보상하는 맛있는 시간.

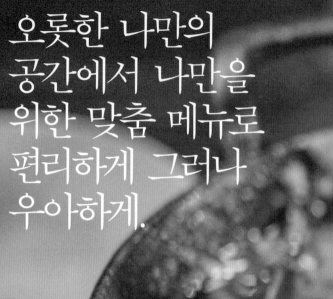

오롯한 나만의
공간에서 나만을
위한 맞춤 메뉴로
편리하게 그러나
우아하게.

혼밥족을 위한 HMR의 진화 : 가성비, 가시비, 가심비

1인 가구가 아니어도 홀로 밥 먹는 사람들이 많다. 우리나라 사람들은 10끼 중 평균 3.9끼를 혼자 먹는다는 통계도 있다.

CJ제일제당이 소비자 식음료 취식 행태 기록 빅데이터를 분석해 2019년에 발표한 트렌드 보고서 「빅데이터를 통해 들여다본 '혼밥' 문화」에 따르면 10끼 중 3.9끼는 혼자, 10끼 중 2.7끼는 2명, 2.5끼는 3~4명이 같이 먹고, 5명 이상이 함께 먹는 경우는 10끼 중 0.9끼인 것으로 나타났다.

혼밥 비율이 가장 높은 이들은 1~2인 가구와 '캥거루족'으로 10끼 중 4.8끼를 혼자 먹는다고 답했다. 캥거루족은 미혼으로 부모님과 함께 거주하는 이들을 지칭한다. 그다음으로 비율이 높은 층은 시니어 가구로 10끼 중 4.4끼를 혼자 먹는 것으로 나타났다.

'혼밥족'이 먹는 식사의 종류는 가정간편식Home Meal Replacement, HMR이 41퍼센트로 가장 많았다. HMR은 '집밥'을 대체하는 완전 혹은 반조리 형태의 제품이다.

한국농촌경제연구원의 '2019 가공식품 소비자 태도 조사'에 따르면 HMR을 선택하는 이유에 대해 "조리하기가 귀찮기 때문"(21.6퍼센트)이라고 응답한 소비자가 가장 많았다. 그다음으로는 "재료비가 저렴해서"(17.1퍼센트), "조리 시간을 절약할 수 있어서"(16.7퍼센트), "다양하게 맛볼 수 있어서"(12.3퍼센트) 순이다. HMR 시장은 2008년 3588억 원에서 2018년 3조 300억 원으로 8배 이상 증가했다. 2025년까지 5조 원 규모로 성장할 전망이다.

'가성비'뿐 아니라 투자 시간 대비 만족도, 즉 '가시비'를 따지는 소비자의 선택에 힘입어 HMR 시장은 쑥쑥 성장하고 있다. 또한 자신의 만족을 위해 아낌없이 소비하는 '가심비' 추구 성향에 맞춰 HMR의 프리미엄화도 진행되고 있다. 대기업들이 브랜드를 만들어 HMR 시장에 진출하고 편의점 체인이 경쟁하면서 구성이 더 고급스러워졌고, 유명 셰프나 맛집의 요리까지 '밀키트'로 출시되어 집에서 맛볼 수 있다. 2020년 코로나19 확산으로 차를 타거나 걸어서 매장을 방문해 제품을 받아 가는 드라이브스루와 워킹스루 그리고 배달 서비스가 늘어나면서 밀키트를 판매하는 식당이 많아졌다. 이에 따라 레스토랑 간편식Restaurant Meal Replacement, RMR이라는 용어도 등장했다.

HMR의 성장은 식품 포장 기술의 발전이 없었다면 불가능한 일이다. 식품 포장 기술은 전쟁에 참전한 군인에게 식량을 공급하기 위해 발명되어 발전했다. 전쟁이 한창이던 18세기 말 나폴레옹은 병사들에게 신선한 식량을 조달할 방법을 찾고자 상금 1만 2,000프랑을 걸고 공모를 했는데, 1804년 제과업자이자 발명가인 니콜라 아페르Nicholas Appert가 병조림 기술을 개발해 상금을 받았다. 이후 영국의 기계공 피터 듀랜드Peter Durand가 1810년에 주석 깡통 밀봉용기로 특허를 받아 최초로 통조림을 만들었다.

오늘날 널리 쓰이는 식품 포장재는 레토르트로 미군과 나사NASA가 함께 개발했다. 단층 플라스틱 필름이나 금속박 또는 이를 여러 겹으로 접착해 만든 포장재로 파우치나 기타 모양으로 성형해 활용한다. 1958년 미국 육군에서 최초로 시험 생산한 레토르트 파우치는 일본으로 건너가 1970년대부터 상업적으로 제조되기 시작했다. 1981년 오뚜기 식품은 일본에서 파우치를 들여와 '3분카레'를 생산했는데, 이것이 우리나라에 최초로 소개된 레토르트 식품이며 이로써 국내 HMR 역사가 시작되었다.

1코노미 시대와 고독사 예방법

1인 가구를 위한 비즈니스의 대응은 '솔로 이코노미' 혹은 '1코노미'(1인+economy)라는 트렌드를 만들어냈다.

수고한 자신에게 작지만 고급스러운 사치품을 즐겨 선물하고,

반려동물을 가족처럼 여기며, 나 홀로 즐기는 일상에 익숙한 1인 가구. 혼밥에서 시작해 혼영(혼자 영화 보기), 혼놀(혼자 놀기), 혼행(혼자 여행 가기) 등 계속해서 생기는 '혼○' 시리즈는 관계의 단절이나 청승이 아니라 자신만의 즐거움이 담긴 활동을 표현하는 신조어들이다. 이처럼 1인 가구가 급격히 증가함에 따라 그동안 다인 가족과 그룹을 중심으로 삼았던 비즈니스 트렌드에도 큰 변화가 생겼다. 의식주는 물론이고 일과 휴식, 취미와 인간관계 등 모든 분야에서 그야말로 변혁이 이루어지는 듯하다.

산업계의 발 빠른 대응에 비해 속도는 조금 느리지만, 정부도 1인 가구를 위한 맞춤형 복지정책을 마련하느라 분주하고 서울시와 경기도 등 1인 가구를 지원하는 조례를 제정하는 지방자치단체도 늘고 있다. 조례에는 주거, 건강, 여가, 사회관계망 등 다양한 각도에서 노인, 청년, 여성 등 모든 1인 가구를 지원할 새로운 서비스 개발 등을 지방자치단체가 해야 한다고 밝히고 있다. 서울시는 '고독사 없는 서울' 추진계획을 수립하고 11개 구에서 여성 1인 가구에는 현관문 보조키, 창문 잠금장치, 방범창, 문열림 센서 등 '안심 홈세트'를, 여성 1인 점포에는 안심점포 비상벨 설치를 지원했다. 서초구는 지방자치단체 최초로 1인 가구 지원센터(팀장 1인과 주무관 3명)도 마련했다.

밤에 혼자 귀가하는 여성은 '여성안심앱'을 활용하면 유용하다. 앱을 실행하고 길을 가다 위급상황에 스마트폰을 흔들거나 단축키를 누르면 CCTV를 모니터링하는 센터로 신고가 바로 접수된다. 현재 서울시와 경기도 안양시에서만 사용할 수 있는데, 2021년 하반기에는 전국에서 쓸 수 있을 것으로 전망된다.

1인 가구 전성시대의 그림자 속에는 고독사 증가라는 우울한 통계가 자리 잡고 있다. 우리나라는 아직 정확한 고독사 통계가 없고 무연고 사망자 수로 간접 추정할 뿐이다. 보건복지부에 따르면 무연고 사망자가 2014년 1,379명에서 2015년 1,676명, 2016년 1,820명, 2017년 2,008명, 2018년 2,447명으로 계속 증가하고 있다. 2019년에는 상반기에만 그 수가 1,362명이었다.

고독사는 일본에서 온 용어다. 영어권에서도 일본어 발음 그대로 '코도쿠시Kodokushi'라고 쓴다. 1인 가구와 고독사 증가가 심각한 사회문제로 부각한 일본에서는 2013년 특수청소업 민간자격제도를 도입했고 현재 5,000여 개 업체가 있다고 한다.

1인 가구의 홀로 지낼 권리도 중요하지만, 비자발적으로 혼자 살게 된 이들의 외로움을 살피고 고독사를 예방하는 일도 국가의 책무일 것이다. 영국은 지난 2018년 외로움을 국가 차원의 문제로 인식하고 대응하겠다며 외로움 문제 담당 장관을 임명했다.

우리나라에서는 2020년 3월 국가와 지방자치단체에 고독사 위험자 보호와 고독사 예방 정책을 수립하도록 한 '고독사 예방 및 관리에 관한 법률'이 국회를 통과했고, 2021년 4월부터 시행될 예정이다. 김해시는 2019년 2월 고독사나 무연고 사망자 장례 지원을 위한 조례를 제정·공포했고, 자활기업이 시중가의 절반 정도 가격에 고독사 현장 뒷수습 서비스를 제공하도록 했다.

/ 정희정

참고 자료

최성식, 『HMR 무엇이고 어떻게 성공할 것인가』, 지식공간, 2012 | 이준영, 『1코노미』, 21세기북스, 2017 | 조병희 외, 『아픈 사회를 넘어』, 21세기북스, 2018 | 정한울, 「한국인의 외로움 인식 보고서: 한국에도 외로움 장관(Minister for Loneliness)이 필요할까?」, 한국리서치, 2018년 5월 23일 | 「"10끼 중 4끼는 '혼밥'"… HMR 주 소비층 '시니어'가 뜬다」, 《뉴스1》, 2019년 2월 11일 | 「다가온 '편리미엄 시대'… 가성비·가심비 모두 잡는다」, 《미주헤럴드경제》, 2020년 1월 2일 | 「고독사 대국 일본의 잔인한 현실… 日 특수청소업 5년 만에 15배 폭증」, 《프레스맨》, 2018년 5월 14일 | 「고독사 뒷수습 처리 지자체가 나선다」, 《KNN》, 2019년 4월 25일 | 「고독사 예방법 국회 통과… 정부, 5년마다 실태조사·예방계획」, 《연합뉴스》, 2020년 3월 8일 | 「참치·햄 등 캔 통조림은 전쟁의 산물」, 《신동아》, 2018년 4월 8일 | 「"혼자서도 잘 먹고 잘 입는다"… 솔로이코노미 체험기」, 《이데일리》, 2019년 5월 2일 | 「일본의 고독사에 직면한 세대A Generation in Japan Faces a Lonely Death」, 《뉴욕타임스》, 2017년 11월 30일

1인 가구의 현명한 의식주 생활, 혼자서도 잘 먹고 잘 사는 법

식품업계는 1인 가구 증가와 코로나19 사태 이후 혼자 먹기를 선호하는 식문화 확산에 맞춰 소포장 제품을 늘리고 있다. 125밀리리터 미니 캔맥주, 200~300밀리리터 용량의 위스키나 청주 등이 미니 주류 전용 매대를 채우고, 과자나 안주 종류도 혼자 가볍게 먹을 양으로 포장되어 나온다.

미니 수박, 미니 사과, 미니 밤호박 등 작은 과일과 농산물은 1인 가구의 음식물 쓰레기 고민을 덜어준다. 특히 수박은 너무 크고 음식물 쓰레기도 많이 발생해 1인 가구는 살 엄두를 내지 못하던 과일이다. 큰 수박을 쪼개서 파는 상점도 많지만, 껍질이 얇아 사과처럼 깎아 먹으면 되는 1인용 미니 수박 출시에 반응이 좋다.

'혼밥'과 '혼술'을 집에서 즐기는 이들에게 필요한 1인용 밥솥, 1구 전기레인지, 미니 화로와 라면 포트, 오븐 토스터, 전기 그릴, 에어프라이어, 미니 블렌더, 샌드위치 메이커 등 가전제품도 소형화했다.

생수는 부피가 크고 무거워 택배원을 가장 힘들게 하는 물건이다. 배달을 시키자니 택배원에게 미안하고, 직접 사서 운반하려니 힘들다. 마실 때마다 발생하는 플라스틱 쓰레기가 양심에 걸리고 분리수거도 귀찮다. 우리나라 수돗물은 세계적인 수질(8위)을 자랑한다지만 그냥 마시기는 찜찜하다. 정수기를 들여놓자니 비싸고 자리도 차지하고 전기요금이 올라가는 것도 싫다. 시중의 정수기는 대부분 삼투압 방식으로 물 한 컵을 정수하면서 세 컵 분량의 물을 버리게 되어 낭비가 심하다.

그렇다면 전기가 필요 없는 자연여과 정수기가 대안이 될 수 있다. 독일 제품이 유명하지만 국산 제품도 있다. 필터만 가끔 갈아주면 되어, 생수를 사 마시는 것보다 경제적이고 플라스틱 쓰레기를 발생시키지 않으니 마음도 가볍다. 그리고 우리 집 수질이 궁금하면 물사랑 사이트(ilovewater.or.kr)에서 수돗물안심확인제 무료 검사 서비스를 신청해 직접 결과를 확인해볼 수 있다.

코인빨래방은 1인 가구에게 편의점만큼 중요하다. 세탁기가 있어도 소음이 걱정되거나 빨래 말릴 공간이 부족하다면, 24시간 빨래방이 딱이다. 세탁과 건조를 다 할 수 있고 카페처럼 편안한 공간에 오락기, 텔레비전, 만화책 등도 갖춰 지루하지 않다. 그래서 1인 가구는 편의점 근처를 '편세권'(편의점과 역세권의 합성어), 코인빨래방 인근은 '코세권'이라고 부르며 그 근방에 살기를 선호한다.

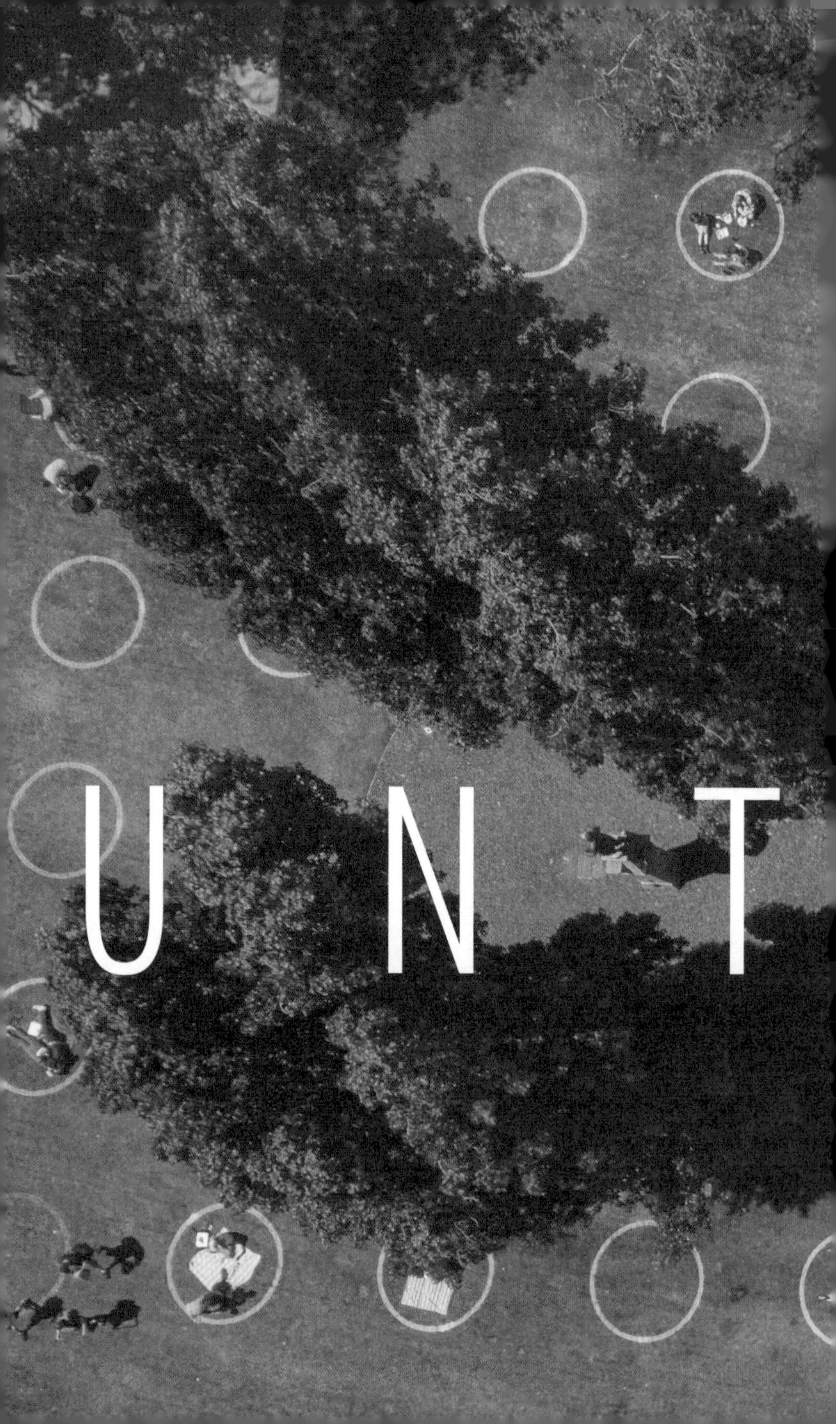
U N T

이런 상상
– 얼굴 없는 미래

누군가와 직접
얼굴을 마주하지
않고 보낸
어떤 이의 하루.

누군가와 직접
대화를 나누지 않고
지낸 어떤 이의 하루.

모든 것이 언택트로 이루어지는 세상

20××년 대한민국 서울, 모든 것이 언택트로 이루어지는
세상.

언택트Un+Contact란, 사람과의 대면 없이 첨단 기술을 활용해
상품과 서비스를 이용하는 것이다.

 7:00 무인 편의점에서 아침 식사 구매, 셀프 결제,
       자율주행버스로 출근

12:00 식당에서 키오스크로 주문, 서빙 로봇이 가져다준
       음식으로 점심 식사

14:00 카페에서 로봇 바리스타에게 주문

19:00 퇴근길 마트, 스마트 미러를 이용해 화장품 구입,
AI 상담원이 추천한 와인 구매

20:00 "어서 와, 오늘도 수고했어"라고 AI 스피커가 말해주는
집으로 퇴근

21:00 가상현실 피트니스 프로그램으로 트레이너와 접속해
운동

22:00 반려로봇과 함께 하루를 마무리

언택트 시대에는 오히려 대면하는 서비스가 부의 상징이다.
과거에 당연하게 여겼던 어떤 것이 오히려 가진 자들만이
누릴 수 있는 서비스가 되는, 그야말로 신풍속도다.
그러나 생각해보면 AI 호텔리어 대신 진짜 호텔리어가
맞이해주는 호텔, 키오스크나 서빙 로봇 대신 진짜 웨이터와
소믈리에가 있는 레스토랑에서 더 고급스러운 서비스를
제공받을 수 있는 것은 당연한 이치다.

**"요즘 이런 곳에는 아무나 못 오죠. 비용이 많게는 30배까지
뛰거든요. 저희를 찾는 고객은 상위 1퍼센트라고 보면 됩니다."**
ㅡ 어느 대면 서비스 시설 관계자

한편 편리한 언택트 서비스에서 소외된 이들도 많다. 언택트 서비스가 늘어나면서 이에 적응하지 못하는 노년층이나 스마트기기를 소유하지 못한 빈곤층 등이 소외되는 현상을 '언택트 디바이드Untact Divide'라고 부른다.

정보의 격차에 이어 이제는 언택트의 격차까지. 우리 사회는 경험해보지 못한 새로운 차이를 부지불식간에 의식해야 하는 단계에 이르렀다.

언택트 시대의 그림자에는 단지 노년층과 빈곤층의 문제만 있는 것이 아니다. 언택트 커뮤니케이션에는 익숙하나 대면해 상대의 눈을 바라보며 대화 나누는 데 서툰 세대에 대한 걱정도 크다.

"요즘 아이들은 대면 커뮤니케이션에 취약해요. 표정이나 눈빛 등 비언어적 메시지를 접할 기회가 부족해 인간관계에 어려움을 겪는 경우가 많습니다."
—청소년 상담센터 관계자

누군가에게는 쉽고 편리한 언택트, 누군가에게는 어렵고 불편한 언택트. 세상은 '접촉'을 기준으로 또 다른 차이의 시대로 돌입하고 있다.

코로나19 바이러스와 언택트 시대의 도래

이미 많은 사람이 언택트 서비스를 특별한 것으로 의식하지 않는다. 키오스크 앞에 줄을 서서 커피나 햄버거를 주문하고 모니터에 뜨는 번호를 응시하는 것도, 휴대폰으로 온라인 계좌를 개설하거나 상품을 주문하는 것도 그리 특별한 일이 아니다. 밤사이 문 앞에 식료품 아이스박스를 배달하고 사라지는 택배원의 얼굴을 모른다는 사실도 이제 놀랍지 않다. 게다가 2020년 전 세계적인 코로나 바이러스의 창궐로 '사회적 거리두기' 또는 '자가 격리'가 필수 행동 지침이 되면서 사회는 어느새 비대면 서비스 중심으로 굴러가게 되었다. 감염병을 막기 위해 접촉을 차단하는 비대면 서비스를 선호하는 이들이 크게 늘었다.

돌이켜보면 상황은 다르지만 비슷한 변화가 있었다. 인터넷이 대중화되기 시작한 1990년대 말부터 한동안 유행했던 실험 '인터넷으로 1년 살기' 같은 프로젝트다. 당시 인터넷은 사회적 커뮤니케이션 방식의 신세계였고 판타지였다. 과연 접촉 없이 인터넷만으로 커뮤니케이션하면서 의식주를 해결하고, 나아가 사회적 격리로 발생할 수 있는 육체적·정신적 문제를 인간이 극복

할 수 있는가는 상당히 흥미로운 주제였다. 20여 년이 지난 지금은 결론이 뻔한, 시대착오적인 실험처럼 보이지만 말이다.

하지만 언택트 문화는 인터넷의 확산과 같은 뻔한 실험을 거치지 않고도 이미 대세가 되었다. 코로나19 사태를 계기로 공적영역에서도 비대면 서비스가 더욱 확산되면서, 우리 사회의 언택트 문화는 세대의 특성이 아닌 주류를 이루는 일상 문화가 될것이 자명해 보인다.

소비의 중심은 오프라인에서 온라인으로, 인터넷에서 모바일로 급격히 이동하고 있다. 통계청에 따르면 전체 소매 판매액 가운데 온라인 쇼핑 상품 거래액이 차지하는 비중이 2010년에는 7.1퍼센트에 불과했으나, 2016년 15.5퍼센트에서 2019년 21.4퍼센트로 늘었고, 2020년 3월 기준 28.3퍼센트로 가파르게 증가했다. 온라인 쇼핑을 모바일과 인터넷으로 구분해 거래액 비중을 살펴보면, 모바일 쇼핑은 2013년 17퍼센트에서 2020년(5월 기준) 68.3퍼센트로 4배 이상 늘었다. 반면 인터넷 쇼핑은 같은 기간 83퍼센트에서 31.7퍼센트로 대폭 감소했다.

또한 언택트 서비스의 소비자는 20~30대에 한정되지 않는다. 현대카드가 2017년 1월부터 2019년 5월까지 언택트 서비스를 제공하는 대표적인 가맹점 15곳의 결제 데이터를 분석한 결과, 40대 소비자의 결제 금액이 2년 사이 약 499퍼센트에 달하는 폭발적 증가율을 기록했다. 이는 20대(235퍼센트)나 30대(304퍼센트)의 증가율을 크게 앞지른 수치다.

이런 추세에 이어 온라인 쇼핑 이용률이 낮았던 50~60대가 코로나19 사태를 계기로 대거 이커머스 사용자가 되어, 코로나19의 종식 여부와 상관없이 언택트 문화가 거의 모든 세대의 호응 속에 장기 집권하리라고 전망할 수 있다.

정보 분석 전문기업 닐슨코리아에 따르면 온라인 쇼핑 채널 신규 이용자의 구매액은 2019년 1분기 기준 전체 매출의 12.8퍼센트에 머물렀으나, 1년 후인 2020년 1분기에는 그 비율이 24.5퍼센트로 2배 가까이 증가했다. 그 가운데 50~60대 이상이 차지하는 비중이 55.1퍼센트(50대 24.9퍼센트, 60대 20.2퍼센트)에 달하는 것으로 집계되었다.

언Un택트, 온On택트, 온溫택트

접촉을 의미하는 '콘택트contact'에 부정 접두사 'un'을 붙인 신조어 '언택트Untact'는 사람과 직접 만나는 대신 키오스크, 챗봇 등 무인 기술을 활용해 상품과 서비스를 이용하는 것을 의미한다.

김난도 교수가 이끄는 서울대 소비트렌드분석센터에서 만들어
낸 이 신조어가 코로나19 사태를 계기로 널리 쓰이기 시작하자,
2020년 4월 문화체육관광부와 국립국어원은 외국어를 대체할
쉬운 우리말을 선정하는 위원회를 열어 언택트 서비스의 대체어
로 '비대면 서비스'를 선정해 발표했다.

　사실 '언택트'보다 '비대면'이라는 표현이 더 포괄적인 의미로
이해된다. 언택트가 단순히 접촉을 하지 않는다는 의미라면, 비
대면은 얼굴을 마주하지 않는 모든 관계, 즉 접촉하지 않으나 소
통은 존재하는 모든 관계를 폭넓게 담아낼 수 있기 때문이다. 이
런 해석을 바탕으로 물리적 거리는 유지하되 원할 때면 언제든
온라인을 통해 연결할 수 있음을 강조하는 '온택트Ontact'라는 신
조어가 생겨났다. 온라인 전시와 공연, 화상교육과 회의 등 온라
인을 통한 연결과 소통이 다양한 분야로 확산되면서 트렌드로
자리 잡자 이를 온택트라 일컫는 것이다. 2020년 6월 14일에 열
린 방탄소년단의 첫 유료 온라인 공연 '방방콘 더 라이브'는 전
세계 100여 개국에서 75만 6,000여 명이 동시 접속해 지켜봤고,
가장 많은 시청자가 본 라이브 스트리밍 음악 콘서트로 기네스
세계기록에 등재되었다.

　'온택트'의 '온'을 따뜻하다는 의미의 한자어로 바꾼 '온溫택트'
라는 표현도 등장했다. 취약 계층을 위한 물품을 챙겨 집마다 전
달하되 대면하지 않고 문 앞에 두고 오기, 비대면 서비스가 낯선

어르신 세대를 위해 키오스크로 주문하는 법을 알려주는 동영상 제작하기, 소외된 어린이를 위한 온라인 화상교육 등 다양한 비대면 봉사활동, 또는 따뜻한 소통을 앞세우는 기업의 마케팅에 '온(溫)택트'라는 신조어가 활용된다.

언택트 서비스의 개념을 현실 속에 완벽히 구현한 대표 사례로는 세계 최대 전자상거래 업체인 아마존이 운영하는 '아마존 고Amazon Go' 편의점을 꼽는다. 아마존은 2016년 12월, 입구에서 앱을 찍고 들어가 원하는 물건을 고른 다음 매장을 나오면 자동으로 결제가 되는 '저스트 워크아웃 테크놀로지'를 적용한 매장을 시범 운영했다. 2020년 1월 기준 시카고, 뉴욕, 샌프란시스코, 시애틀, 이 4개 도시에서 아마존 고 매장 25곳을 운영 중이며 2021년에는 미국 전역에 3,000여 개까지 늘어날 것으로 예상된다. 우리나라에도 이 같은 방식의 셀프 편의점(이마트24 김포DC점), 점원 대신 로봇이 계산을 도와주는 편의점(세븐일레븐 시그니처 DDR점) 등 무인 매장이 점점 늘어나고 있다.

그런데 최근 아마존 고 매장에 큰 변화가 생겼다. 현금을 받는 서비스 인력을 매장에 배치한 것이다. 이는 2019년에 샌프란시스코, 필라델피아, 뉴저지 연방정부가 오프라인 점포에서 현금을 받지 않는 행위를 금지하는 법안을 통과시켰기 때문이다. 아마존 고와 같이 무인 결제 시스템으로 운영되는 매장에서는 스마트폰과 특정 결제 앱을 이용해야만 물건을 살 수 있는데, 이로

인해 스마트폰이 없는 이들이 차별받을 수 있으므로 정부가 법적 조치를 마련한 것이다. 언택트 사회에서 소외되는 사람이 없어야 한다는 문제 제기와 규제에 맞닥뜨린 아마존 고의 사례는 시사하는 바가 크다. 언택트, 온On택트 문화가 확산할수록 디지털 기술에 익숙하지 못해 소외받고 외로움을 느끼는 취약 계층을 위해 '온溫택트' 활동이 더 활발해져야 할 것이다.

"우리에게는 기계보다 인류애가 더욱 절실하고, 지식보다는 친절과 관용이 더욱 필요하다. 그렇지 않으면 인생은 비참해지고 결국 모든 것을 잃게 될 것이다."

— 찰리 채플린, 〈위대한 독재자〉 중에서

/ 정희정

참고 자료

김용섭, 『언컨택트』, 퍼블리온, 2020 | 「無결제·편리함 속… 한국형 '아마존 고'의 시사점」,《아시아경제》, 2020년 1월 26일 | 「현대카드 "비대면 '언택트' 소비서 40대 급부상"」,《연합뉴스》, 2019년 7월 3일 | 「한번 살 때 통 크게… 이커머스 '큰손'은 5060」,《매일경제》, 2020년 7월 5일 | 「"언택트 서비스'는 '비대면 서비스'로, '유니크 베뉴'는 '이색 지역 명소'로」 보도자료, 문화체육관광부, 2020년 4월 14일

언택트 해외여행 떠나는 법

아무리 비대면 서비스를 선호하는 사람이라도 해외여행만큼은 직접 가보고 싶겠지만, 전염병이 대유행하면서 언택트 해외여행이 등장했다. 글로벌 여행 플랫폼 서비스 에어비앤비는 태국 트렌스젠더의 세계, 사파리 가이드가 함께하는 표범 찾기 체험, 고고학자와 함께하는 폼페이 유적 탐험, 체르노빌의 견공들 만나기 등 온라인으로 색다른 체험을 할 수 있는 프로그램을 제공하기 시작했다.

페로제도에서 제공한 리모트 관광 서비스(visitfaroeislands.com/remote-tourism)는 코로나19로 국경이 폐쇄되었던 6주 동안 7,000여 명이 참여해 호응했다. 이는 몸에 라이브 비디오카메라를 장착한 현지 가이드의 움직임을 따라가면서 아름다운 섬나라를 원격으로 여행할 수 있는 서비스다. 현지 가이드는 도보뿐 아니라 보트나 헬리콥터를 타고 이동하면서 세계 각국에서 접속한 원격 여행객의 요청에 따라 걷기, 달리기, 방향 전환, 점프 등을 하면서 다양한 풍경과 체험을 제공한다.

칠레 관광청은 아타카마 사막, 파타고니아의 토레스 델 파이네 봉우리, 이스터섬 등을 모바일 장치나 VR 안경을 사용해 경험할 수 있도록 칠레 360°(apps.apple.com/us/app/chile-360/id1349390412) 앱을 개발했다.

스웨덴 북부 지역의 가상 여행 프로그램을 제공하는 버추얼리비지팅(virtuallyvisiting.com/experiences)은 360도 카메라를 활용해 풍성한 볼거리와 함께 북극 풍선 비행, 가이드와 함께하는 북극 스키 투어, 오로라 사파리 캠프 등의 경험을 제공한다. 웹사이트 유스위치(uswitch.com/broadband/guides/virtual-school-trips)는 세계 7대 불가사의, 지구상 가장 위대한 박물관 등 매력적인 가상 경험 목록을 갖추고 있다.

쓰레기 없이 산다

오직 인간만이
자연이 감당할 수
없는 것을
만들어낸다.

지구를 위한 생활방식

오늘 쉽게 사서 쓰고 내일이면 쓰레기로 버려지는 온갖
물건들. 지구가 감당할 수 없는 물건을 만들어내는 건 오직
인간뿐입니다.
쓰레기 없는 생활에 도전해 성공한 우리 가족의
이야기를 들어보실래요? 그 비결은 '5R' 원칙의 철저한
실천이었습니다.

첫째는 거절Refuse. 불필요한 우편 광고물과 일회용 플라스틱
제품, 공짜로 받을 수 있는 사은품 등을 거절했어요.
둘째는 줄이기Reduce. 비슷한 모양과 용도의 주방용품과 한참

손도 대지 않았던 많은 물건을 덜어내니, 덜 갖췄다고 해도 생활에 결핍이 느껴지지 않았어요.

셋째는 다시 사용하기Reuse. 한두 번 쓰고 버리는 물건을 오래 쓸 수 있는 물품으로 바꾸고 반복해서 쓰기. 유리병은 우리 가족 '최애템'이죠. 일회용 비닐과 일회용 플라스틱을 대신할 지속가능한 주방의 일등공신이거든요.

넷째는 재활용하기Recycle.

그리고 마지막은 썩히기Rot. 썩히는 것은 쓰레기를 남기지 않는 중요한 규칙이죠.

태운 아몬드 가루로 눈 화장을 하고, 유리병을 가지고 가서 장을 보고, 잘라낸 머리카락까지 썩혀 거름을 만들며 우리 가족이 1년 동안 모은 쓰레기는 잼 한 병 분량이었답니다.

누구는 너무 유난스러운 것 아니냐고 하겠죠. 그런데 새와 바다가 죽어가면서 치르는 목숨값을 생각한다면 하지 못할 일이 있을까요? 인간이 쓴 물건이 썩어서 다시 흙으로 돌아간다면 지구에 그만한 경사가 없을 것입니다.

나 혼자만의 변화로
세상을 바꿀 수 없다.
그러나 우리 각자가
변화를 추구한다면
희망이 있다.

가장 중요한 것은
변화할 수 있다는
것을 믿는 것이다.
— 콜린 베번

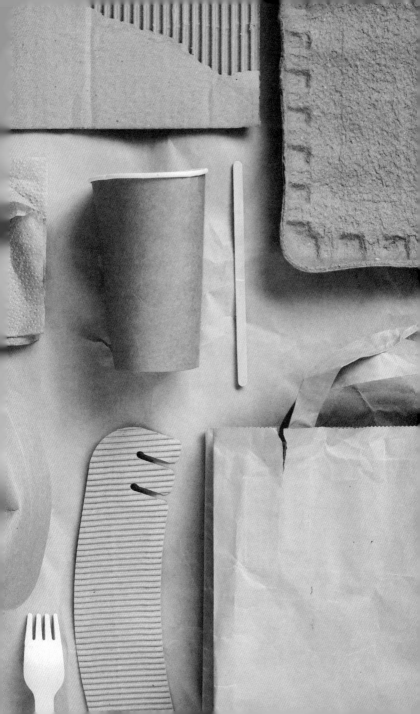

쓰레기와 인류세

1인 가구의 증가는 쓰레기 총량 증가로 이어진다. 1인당 쓰레기는 가구원이 적을수록 많기 때문이다. 우리나라 4인 가구에서 발생하는 쓰레기는 1인당 하루 평균 103그램이다. 3인 가구에서는 135그램, 2인 가구에서는 145그램, 1인 가구에서는 207그램으로 늘어난다. 4인 가구에 비해 1인 가구가 2배 이상이다(환경부. 4차 전국 폐기물 통계조사 결과).

우리나라의 1인당 포장용 플라스틱 사용량은 세계 2위다. 유럽 플라스틱·고무산업제조자협회EUROMAP가 63개국을 대상으로 조사한 결과인데, 2015년 한국의 1인당 연간 포장용 플라스틱 사용량은 61.9킬로그램으로 벨기에(85.1킬로그램)에 이어 두 번째로 많았고, 미국(48.7킬로그램)보다 많았다. 그 양은 2020년 코로나19 사태로 비대면 쇼핑과 음식 배달이 늘면서 더 증가했을 것이다. 환경부는 코로나19로 2020년 상반기 생활폐기물이 2019년(4,890톤)에 비해 11.2퍼센트 증가한 5,349톤이 되었다고 발표했다.

2020년 4월 15일 제21대 국회의원 선거에 참여한 유권자들은 방역을 위해 비닐장갑을 착용해야 했는데, 총투표자 2912만

6,396명이 사용한 비닐장갑을 쌓으면 그 높이가 1,200미터에 이른다고 한다. 두께 0.02밀리미터의 비닐장갑이 6000만 장 정도 쓰였을 것으로 추정해 계산한 결과다. 63빌딩의 높이가 249미터이니, 63빌딩보다 5배나 높은 비닐 탑이 하루아침에 생긴 셈이다.

싸고 편리하고 위생적이라며 플라스틱 쓰레기를 계속 늘려가는 우리. 그러나 인간 활동은 결국 인간에게 되돌아온다. 분해되지 않아 생태계를 교란하는 미세플라스틱은 먹이사슬을 통해 우리 식탁으로 되돌아왔다. 세계경제포럼은 지금처럼 플라스틱을 생산하고 버린다면 2050년에는 무게를 기준으로 바다에 물고기보다 플라스틱이 더 많아질 것으로 전망했다.

폭발적으로 늘어난 플라스틱 쓰레기는 화석으로도 남아 지층을 구분하게 될 것이라고 한다. 그만큼 인류가 지구에 미친 악영향이 막대해 지질학적으로도 새로운 시대가 열렸다는 의미에서 "우리가 더는 홀로세가 아니라 '인류세人類世, Anthropocene'에 있다"고 주장하는 학자들도 있다. 미국의 생물학자 유진 스토머Eugene Stoermer와 1995년 노벨화학상 수상자인 네덜란드의 화학자 파울 크뤼천Paul Crutzen이 처음으로 제기한 이후 많은 과학자가 이에 관한 연구와 논의를 시작했다. 인류세를 대표하는 물질은 플라스틱 외에 방사능물질, 대기 중의 이산화탄소, 콘크리트, 닭 뼈 등이다. 모두 화석연료와 핵 사용, 과잉 생산과 소비, 과도한 육식으로 인류가 발생시킨 쓰레기들이다. 오늘날 우리가 공룡 뼈로

중생대를 판별하듯, 후세는 닭 뼈나 플라스틱 등으로 인류세를 감별할 것이라는 이야기다.

2019년 5월 국제지질학연맹IUGS 산하 국제층서위원회ICS의 인류세워킹그룹AWG은 인류세를 새로운 지질시대로 지정해 2021년까지 공식 지질시대표를 총괄하는 국제층서위원회에 공식 제안서를 제출할 계획이라고 밝혔다. 학자들은 원자폭탄 투하와 핵실험으로 방사능물질이 지구를 뒤덮고 퇴적층과 빙하 속에 단단히 박히는 등 인간 활동이 지구에 끼친 해악이 지대해진 20세기 중반을 인류세의 출발점으로 하는 데 동의했다. 인류세는 AWG가 공식 제안서를 제출하면 국제층서위원회의 여러 소위원회에서 검토한 후 최종적으로 국제지질학연맹 집행위원회의 비준을 받게 될 것이다.

내가 버린 쓰레기는 어디로 갈까

우리는 지구가 감당할 수 없는 쓰레기를 만드는 유일한 생물이다. 육지에는 쓰레기 산, 바다에는 쓰레기 섬을 끊임없이 만들고 있다. 버려진 비닐과 플라스틱 쓰레기가 모여 바다 위에 만들어진 초대형 쓰레기 섬은 그 넓이가 160만 킬로미터로 남한 면적의 16배에 달한다는 '태평양 거대 쓰레기장Great Pacific Garbage Patch' 외에도 4개나 더 있다.

바다를 떠도는 비닐이나 플라스틱 조각을 먹이로 착각해 먹고 죽어가는 해양 포유동물이 연간 10만 마리며, 물새는 무려 100만 마리나 된다고 한다. 하늘을 나는 새 가운데 가장 큰 앨버트로스(신천옹)가 새끼에게 플라스틱 조각을 정성껏 먹이는 장면이나 죽은 바닷새 배 속에 플라스틱이 가득한 사진을 보고 충격을 받은 이들이 많을 것이다. 변호사 출신으로 〈앨버트로스〉라는 다큐멘터리 영화를 만든 크리스 조던Chris Jordan은 이런 장면을 카메라에 담으며 "내가 가장 견디기 힘들었던 것은 그들이 죽어가는 이유를 놓고 내가 알고 있는 것을 앨버트로스는 모른다는 사실이었다"고 말했다.

바닷새는 왜 플라스틱을 먹이로 착각할까? 바다에 떠 있는 플라스틱 조각에서 어떤 냄새가 나는지 확인하려 미국 캘리포니아 대학교UC Davis 연구팀이 실험을 했다고 한다. 세 가지 종류의 플라스틱 알갱이들을 그물망에 넣어 바다에 3주 동안 놓아두었다가 수거해 조사했더니, 다이메틸설파이드Dimethyl Sulfide, DMS 냄새가 났다고 한다. DMS는 황을 포함한 유기화합물로 냄새가 강하다.

DMS는 바닷새들이 좋아하는 먹이인 크릴과 같은 동물플랑크

톤이 식물플랑크톤을 먹고 분해하면서 방출하는 가스다. 바닷새들은 DMS 냄새가 나는 곳에 먹이가 있다는 것을 본능적으로 안다. 발달된 후각으로 먹이를 찾는 바닷새는 그렇지 않은 새보다 플라스틱을 6배나 더 많이 먹는다고 한다. 특히 슴새과 새들이 후각이 발달해 후각에 의존한 사냥을 많이 하는데, 앨버트로스가 바로 슴새과다.

한국에서 배출한 플라스틱 쓰레기 때문에 죽는 바닷새와 동물도 많다. 생명다양성재단과 케임브리지대학교 동물학과가 공동 조사한 「한국 플라스틱 쓰레기가 해양 동물에 미치는 영향」 보고서에 따르면, 바다에 떠다니는 300억 개의 플라스틱 조각(1,500톤)이 한국에서 흘러나온 것으로 추정되며 이 때문에 매년 5,000여 마리의 바닷새와 500여 마리의 바다 포유류가 죽는다고 한다.

쓰레기를 함부로 버리지 않고 종량제 봉투에 담아 버리며 분리수거도 잘한다고 해서 책임이 면제되는 것이 아니다. 한국의 재활용률은 60퍼센트대로 알려져 있었지만, 실제 재활용할 수 있게 분리 배출되는 플라스틱 쓰레기는 28.7퍼센트에 불과하다. 또한 우리나라의 재활용 쓰레기는 상당 부분 해외로 수출되며, 수입한 나라에서 부실하게 관리된 쓰레기는 바다로 흘러간다.

2018년 중국이 폐기물 수입을 금지하면서 일어난 폐비닐과 플라스틱 쓰레기 수거 중단 사태는 언제든 재발할 수 있는 위기다.

2020년 코로나19 사태와 언택트 소비 확대로 플라스틱 쓰레기가 폭발적으로 증가한 데다 유가 하락에 따른 폐기물 재활용 수요 감소까지 맞물려 폐기물 재활용업체들이 쓰러지기 직전이다. 이에 정부는 공공비축을 늘리고 계약단가를 조정하는 등 재활용업계를 돕고 있으나 임시방편일 뿐, 쓰레기 발생량 자체를 획기적으로 줄이는 것 말고는 답이 없다.

/ 정희정

참고 자료

강양구, 『과학의 품격』, 사이언스북스, 2019 | 비 존슨, 『나는 쓰레기 없이 산다』, 박미영 옮김, 청림 Life, 2014 | 애니 레너드, 『너무 늦기 전에 알아야 할 물건 이야기』, 김승진 옮김, 김영사, 2011 | 콜린 베번, 『노 임팩트 맨』, 북하우스, 2010 | 고금숙, 『우리는 일회용이 아니니까』, 슬로비, 2019 | 「한국 플라스틱 쓰레기가 해양동물에 미치는 영향』, 생명다양성재단, 2019 | 김웅서, 「바닷새는 왜 플라스틱 먹을까?』, 《사이언스타임즈》, 2016년 12월 5일 | 「코로나19가 남긴 과제, 폐기물 대란』, 《희망이슈》 제55호, 희망제작소, 2020년 6월 25일 | 「배달 음식, 도시락 포장재… 1인 가구가 부른 쓰레기의 비극』, 《KBS NEWS》, 2019년 4월 6일 | 「수출길 막혔는데 더 늘어난 플라스틱 쓰레기… '공공비축' 나선 정부』, 《머니투데이》, 2020년 9월 14일 | 「바다 위 거대 쓰레기섬 5개… '식탁 공동체' 한·중 공동 대처를』, 《중앙일보》, 2019년 12월 23일 | 「인류세: 지구의 새로운 지질시대 지정 결의Anthropocene now: influential panel votes to recognize Earth's new epoch』, 《네이처》, 2019년 5월 21일 | 「인류세, 새로운 지질시대 인증AWG panel votes to recognize new epoch』, KAIST 인류세 연구센터, 2019년 5월 24일

⊖ Tip Box

쓰레기를 만들지 않는 쇼핑

플라스틱 없이, 쓰레기를 만들지 않고 쇼핑할 수 있는 곳들이 생겨나고 있다. '제로웨이스트 대동여지도'(pfree.me/maps)에서 전국 20여 곳의 무포장, 리필 가게를 소개한다.

서울시 성동구에 있는 '더피커'는 국내 최초의 포장 없는 가게로 유명하다. 소비자가 장바구니나 용기를 가져와 다양한 식재료를 구입할 수 있고, 대나무 칫솔과 일회용 비닐봉지를 대체하기 위해 개발된 천연밀랍으로 만든 재사용 식품 주머니 등 다양한 친환경 제품도 만나볼 수 있다.

'껍데기 말고 알맹이'만 담아가게 하는 '알맹상점'은 2018년부터 서울시 마포구 망원시장에서 비닐봉지 안 쓰기 캠페인, 플라스틱 없는 시장 만들기를 주도한 활동가 고금숙 씨 등이 운영한다. 이곳에서는 제품 판매뿐 아니라 쓰레기 최소화, 자원순환 가치 확산을 위한 프로그램도 진행한다.

경기도 파주시 '워시존 파주 운정점'은 왁스, 타이어 세정제, 철분 제거제 등 자동차 관련 세제를 소분해서 판매한다. 자기가 가져간 용기에 필요한 만큼 세제를 담아 오므로 플라스틱 쓰레기 발생량을 줄일 수 있다. 경기도 성남시의 '동그라미 리필러리'는 제로웨이스트를 지향하는 잡화점으로, 미세플라스틱 걱정 없는 식물성 소재 수세미 만들기 등 워크숍도 연다.

'천연제작소'(부산시), '착해가지구'(울산시), '달팽이가게'(전남 담양), '지구별가게'(제주시), '핸드메이드라이프'(제주 서귀포시), '모두의부엌'(경북 구미시), '마리앤하우스'(경북 창원시) 등 전국 곳곳에 제로웨이스트숍이 생겨나고, 다양한 공동 캠페인도 진행한다. 많은 이들이 이용하고 응원해야 유사한 공간이 더 많이 생겨날 수 있다.

나의 이름은

하늬
싱글맘
엄마

/나

싱글맘이 아닌 행복한 엄마가 되기 위해

내 이름은 하늬. 서쪽에서 부는 바람처럼 자유롭게 살아갈
용기를 내고 싶어서 내가 나에게 지어준 이름.
스물셋 이른 나이에 아이를 낳았을 때 내 이름은 '엄마'가
되었고, 스물여섯에 이혼하고 두 아이를 혼자서 키우게
되었을 때 사람들은 나를 '싱글맘'으로 불렀다.
이제는 그 누구도 타인의 시선에 맞춰 이름을 바꿔 부르지
않도록 하늬는 하늬가 되었다.

나만 희생하면 모두가 행복해질 줄 알았는데, 죽을 것처럼
힘들어도 참고 참았는데, 그 무수한 노력이 소용없는

일이라니…….

어릴 때부터 내 감정을 누르고 타인의 기분을 살피며 관계를
맺어 온 습성대로 '어차피 말해도 모르니까' 체념하며 '어둠
동굴'에 누워 일어나지 못했다.

나 자신은 내 인생의 가장 큰 숙제였다.

그러나 나는 살아야 했다. 살기 위해 나를 사랑하기로 했다.
내 감정을 받아들이고, 나 자신을 있는 그대로 끌어안기.
혼자서 여섯 살, 네 살 두 아이를 돌보고 생계를 꾸려가는
일은 24시간 내내 발을 동동 구르게 하지만, 짬짬이 내가
좋아하는 글을 쓰고 공부하고 춤을 추면서 행복을 찾아가고
있다. 그 과정에서 갖게 된 믿음. '엄마가 자신을 사랑하고
행복해야 아이들도 행복하다.'

때때로 나 자신에게 화가 나고 힘에 부칠 때 여섯 살 아들이
이런 말을 해준다.

"살다 보면 사람은 계속 변하지만, 내가 다른 사람이 될 수는
없잖아요. 자기 자신을 계속 사랑해야 해요."

아이도 알고 있다. 자신을 먼저 사랑해야 다른 사람을 사랑할
수 있다는 삶의 공식을.

나를 사랑하고
내가 행복해야
아이들도
단단해져요.

핀란드의 미혼모 대통령과 한부모 정책

핀란드 첫 번째 여성 대통령 타르야 할로넨Tarja Halonen은 미혼모였다. 1979년 36세에 국회의원으로 당선되었으며, 의원 당선 직전 미혼 상태에서 출산하여 모유 수유를 위해 갓난아이와 함께 국회에 등원하기도 했다. 여러 부처의 장관을 역임하는 등 활약하다 2000년 대통령으로 선출되었다. 그녀는 2006년 재선에 성공해 12년 동안 대통령직을 성공적으로 수행했는데, 퇴임 시점에도 80퍼센트가 넘는 지지율을 기록하는 등 국민에게 큰 사랑을 받았다.

핀란드는 미혼모를 주요한 고려 기준으로 두고 복지정책을 설계한다. 일하면서 홀로 아이를 키워야 하는 미혼모는 양육 부담을 가장 많이 지는 주체다. 따라서 여성 혼자서도 아이를 잘 키울 수 있도록 정책을 마련하면 모든 이들에게 충분히 좋은 정책이 될 것이라는 판단에서다. 그 덕분인지 핀란드 여성들의 사회 활동은 세계 어느 나라보다 활발하다. 2019년에는 34세 미혼모 총리가 탄생했고, 연립 내각을 구성한 5개 정당의 리더 역시 모두 여성이다. 핀란드 최연소 여성 총리인 산나 마린Sanna Marin은 미혼으로 아기를 낳고 키우면서 장관으로 일하다 총리가 되고 나서 2020년 초 관저에서 결혼식을 올렸다. 마린 총리는 취임하자마자 약 4개월인 육아휴직 기간을 2021년부터는 약 7개월(근무일 기준 164일)로 늘리는 등 육아 정책을 강화했다. 한부모는 328일간 육아휴가를 갈 수 있다. 한부모에게는 부모가 각각 활용할 수 있는 휴가 기간을 합산한 것과 같은 기간의 휴가를 주는 것이다.

통계청에 따르면 우리나라 한부모 가구는 2019년 기준 152만 9,000가구로 전체 가구의 7.3퍼센트를 차지한다. 한부모 가구의 비율은 2005년 8.6퍼센트에서 꾸준히 증가해 2014년 10.5퍼센트로 정점을 찍은 다음 감소세로 돌아섰다. 하지만 1인 가구가 급증하면서 전체 가구 수가 늘어 점유율이 줄어들었을 뿐, 한부모 가구 수는 2010년 이후 큰 변화 없이 150여만 가구 수준을 유지하고 있다.

정부는 한부모 가족을 위해 아이돌봄 지원 사업, 복지시설 지원, 양육비 이행 지원제도 등 여러 지원책을 마련해두었다. 그러나 인구절벽 시대에 대한 우려에 비해 싱글맘과 싱글대디에 대한 우리 사회의 보살핌은 아직 부족하다. 한국 사회는 소위 '정상 가족'이라는 획일적인 잣대를 적용해 '다름'을 '틀림'으로 간주하는 사회적 편견이 여전하다. 부 또는 모의 결손이 아이의 정상적인 성장에 걸림돌이 될 것이라는 선입견도 견고하다. 한부모 가족에 대한 정서적 지원과 함께 부정적 편견을 없애려는 노력이 시급해 보인다.

결혼은 미정이지만 아이는 낳고 싶다:
난자 냉동을 선택하는 여성들

　난자 냉동을 선택하는 여성이 늘고 있다. 보건복지부에 따르면 국내 동결 보존 난자는 2014년 6,851개에서 2018년 2만 2,614개로 대폭 늘었다. 항암 치료 또는 방사선 치료를 받기 전에 건강한 난자를 보관하기 위해 선택하는 경우도 많지만, 여러 이유로 결혼과 임신·출산을 미루는 여성들이 조금이라도 더 젊고 건강한 난자를 보관했다가 원할 때 임신을 시도해 건강한 아이를 갖고 싶은 마음에 '보험용'으로 선택하는 경우도 적지 않다.

　실제로 2019년 평균 초혼 연령이 여성 30.6세, 남성 33.4세로 집계되어 만혼 풍조를 여실히 드러냈다. 1999년에는 평균 초혼 연령이 여성 26.3세, 남성 29.1세였다. 이와 함께 첫 자녀를 낳는 여성의 평균 나이도 2000년 27.7세에서 2018년 31.9세로 늦춰졌다. 35세가 넘어 처음으로 출산하는 경우도 늘고 있다. 첫 자녀를 출산하는 여성의 연령대별 구성비를 살펴보면, 2002년 3.9퍼센트에 불과했던 35~39세 여성의 비율이 2018년에는 20.8퍼센트로 증가했다.

설문조사 플랫폼 '틸리언 프로'에 따르면 30대 미혼 여성 389명 중 '결혼한 다음 자녀를 갖고 싶다'는 응답이 34.2퍼센트였고, '결혼하지 않고 자녀만 갖고 싶다'(10.3퍼센트)거나 '결혼 여부와 상관없이 자녀를 갖고 싶다'(7.5퍼센트)는 응답도 적지 않았다.

여성은 나이가 들어가면서 난자의 수적·질적 저하가 진행되어 만 38세 이후 임신율이 급격히 떨어진다. 통계적으로 35세가 넘으면 염색체 이상이 있는 난자가 발생할 확률이 높아진다고 한다. 현재 만 35세 이상으로 향후 5년 이내 결혼 계획이 없거나 직장 생활 또는 학업 등으로 만 35세 이후까지 임신을 미뤄야 하는 여성이 주로 난자 냉동 시술을 택한다.

자신의 난자를 냉동해두는 여성이 늘어나는 것은 세계적 추세다. 《뉴욕타임스》에 따르면 2009년 475명에 그쳤던 미국 내 난자 냉동 건수가 2017년에는 9,000여 건으로 늘었고, 지난 10년 동안 3만 6,000여 명이 난자를 냉동 보존했다. BBC는 영국에서 난자 냉동 시술은 2010년에 234건이었지만, 2017년에는 1,463건으로 늘었다고 보도했다. 영국에서는 10년으로 정해져 있는 난자 냉동 보존 기간을 늘리자는 움직임도 일고 있다.

국내에서 난자 냉동에 드는 비용은 병원과 난자 채취 개수와 보관 기간 등에 따라 다르지만 3년 기준 약 300~400만 원대다. 최장 보관 기간은 5년으로, 기간을 연장하면 추가 비용을 내야 한다.

냉동 난자 보관 과정은 난자의 과배란 유도-배란 유도 주사—난자 채취 및 냉동 순이다. 난포의 성장을 초음파로 3~4회 관찰하며 난자가 성숙할 것으로 판단되는 적절한 날짜에 배란 유도 주사를 처방하고, 약 36시간 후 난자를 채취해 확인하고 분류해 냉동 보관한다.

높은 비용과 부작용, 낮은 성공률 탓에 일각에서는 불안감을 자극하는 상술일 뿐이라고 지적한다. 시술을 위해 난자 수를 늘리는 과배란 유도 주사를 맞아야 하는데 난소과자극증후군 등 부작용에 시달리는 경우도 종종 발생한다. 그런데도 미래의 출산을 위해 난자를 냉동하는 여성이 늘고 있지만, 난자 냉동 시술은 정부의 저출산 지원 대상에서는 제외되어 있다.

/ 정희정

참고 자료

유튜브 채널 〈하늬TV〉 | 유튜브 채널 〈너나나나〉 | 「초이스 맘 "결혼은 싫지만 아이는 갖고 싶어"」, 《조선일보》, 2020년 5월 30일 | 「핀란드 '무민 마마'… 국민 80%에 박수 받고 내려온 대통령」, 《한겨레신문》, 2014년 9월 4일 | 「총리와 4개 정당 대표 다 여성, 넷은 30대… 이게 핀란드 청년 정치」, 《중앙일보》, 2019년 12월 15일 | 「핀란드, 부모 7개월씩 유급 출산휴가… "아이 중심·성평등"」, 《연합뉴스》, 2020년 2월 6일 | 「난자 냉동으로 누리는 예기치 않은 자유The Unexpected Freedom That Comes With Freezing Your Eggs」, 《뉴욕타임스 매거진》, 2019년 12월 11일 | 「냉동 난자 보관 10년 제한 '연장 가능'Frozen-egg storage 10-year limit 'could be extended'」, 《BBC 뉴스》, 2020년 2월 11일

싱글맘과 싱글대디를 위한 지원책

한부모 가족에 대한 정부의 직접 지원은 저소득·미성년 가족으로 한정된다. 사별, 이혼 등에 의해 한부모 가족이 되어 세대주인 모 또는 부가 만 18세 미만(취학 시 만 22세 미만)의 자녀를 양육하는 경우 정부의 지원 대상이 된다. 부모가 키우지 않는 손자녀를 (외)할아버지 또는 (외)할머니가 혼자 맡아 키워도 지원 대상에 포함된다.

가구 소득 인정액 기준 중위소득 52퍼센트(2인 가구 기준 1,550,830원) 이하인 한부모 가족 및 조손 가족은 아동 1인당 월 20만 원의 아동양육비를 지원받는다. 중위소득 60퍼센트(2인 가구 기준 1,795,000원) 이하인 청소년 한부모 가족은 월 35만 원을 아동양육비로 받을 수 있다.

이혼 등의 사유로 떨어져 살지만 양육 문제를 '나 몰라'라 하는 '나쁜 아빠(혹은 엄마)'로부터 양육비를 대신 받아주는 '양육비 이행 서비스'도 있다. 양육비이행관리원 홈페이지(childsupport.or.kr)나 전화(1644-6621)로 상담받을 수 있다.

양육비이행관리원은 한부모 가족이 비양육 부모로부터 양육비를 받을 수 있도록 상담에서 협의, 소송 및 추심, 양육비 이행 지원, 점검까지 하는 맞춤형 전담 기구다. 양육비이행관리원은 지난 2015년 3월 설치 이후 2019년 말까지 모두 5,715건의 양육비 이행을 지원했고, 이행 금액은 666억 원으로 집계되었다.

싱글맘, 싱글대디가 아이를 키우면서 활용할 수 있는 유료 민간 서비스도 많다. 스마트폰 앱스토어에서 '가사도우미', '놀이선생님', '등하원 지도' 등을 키워드로 육아 관련 서비스 앱을 쉽게 찾을 수 있다.

싱글의 마음 챙김

3

더욱
완벽해지기 위해
각개전투하며
달려온 시간
대부분
혼자였던

그래서
고독에 익숙해진
우리……

완벽한 하루

지금이 아니면
안 될 것만 같아서

모든 것에서
벗어나고자 떠난
나와의 첫 여행.

어느 에코붐 세대의 하루

지금이 아니면 안 될 것만 같았던 스물아홉, 그렇게 시작된
완벽한 하루.
처음 와본 낯선 나라. 모든 것을 내 마음대로 할 수 있는 시간.
자유롭고 즐겁고 편안했다. 평온하고 평화로운, 정말이지
완벽한 하루. 아무도 없는 낯선 곳에서 하늘과 호수를
바라봤다. 그러나 밤이 되자 떠오른 익숙한 얼굴들. 완벽한
하루를 방해하는 익숙한 얼굴과 케케묵은 감정들이 한꺼번에
밀려와 그립고 외롭고 쓸쓸했다.

완벽해지는 세상에서 완벽한 가정을 꾸리고 싶었던 완벽한

부모, 그들 사이에서 태어난 완벽한 아이.

하지만 그 완벽한 아이는 '누군가 문 열어주는 사람이

있었으면……' 하고 바랐다.

더욱 완벽해지기 위해 각개전투하며 달려온 시간 대부분

혼자였던 그래서 고독에 익숙해진 우리, 에코붐 세대(Echo Boom

Generation: 한국전쟁 이후 경제적 안정 속에서 태어난 베이비붐 세대의 자녀

세대)는 1980~1990년 사이에 출생한 이들과

1991~1996년 사이에 출생한, 지금의 20~30대다.

전체 인구의 19.5퍼센트, 그중 45.5퍼센트가 4년제 대학에

진학했지만 취업, 결혼, 주거난의 삼중고에 시달리는 세대.

42.5퍼센트가 보증금 있는 월셋집에 거주. 연애, 결혼, 출산을

포기한 '삼포' 세대. 82.4퍼센트가 미혼, 100만 명이 1인 가구.

혼자가 익숙하고 편한 세대가 선택한 삶.

미래보다는 지금의 즐거움을 중시하는 세대.

지금이 아니면 안 될 것만 같아서, 모든 것에서 벗어나고자

떠난 나와의 첫 여행. 가까이서 보면 험난한 돌투성이,

멀리서 바라보면 너무나 멋진 산.

어쩌면 나의 20대도 완벽한 하루들.

에코붐 세대:
최초로 부모보다 가난한 세대

'에코붐 세대'는 한국전쟁 이후에 태어난 베이비붐 세대 (1955~1963년생)의 자녀 세대로 베이비붐 세대가 메아리(echo)처럼 돌아온 것 같다는 의미에서 붙은 명칭이다. 1990년대 초반부터 자녀 출산을 억제하는 가족계획사업이 완화되며 외환위기(1997년 말) 직전까지 출산율이 일시적으로 높아진 데 따른 결과다. 전후 궁핍한 어린 시절을 보낸 베이비부머들은 자식에게 가난을 대물림하고 싶지 않았고, 그들의 헌신으로 에코붐 세대는 풍요롭게 자랐다. 부모 세대의 성장기에는 생각지도 못한 자동차, 휴대폰, 해외여행 등과 스마트폰, SNS, 인터넷과 같은 디지털 환경도 일상화되었다. 특히 교육열이 높은 부모 덕분에 대학 진학률이 80퍼센트 수준이며, 어학연수와 유학 등의 경험을 통해 외국어 구사 능력이 뛰어나고 글로벌마인드를 지니고 있다. 멀리서 보면 행복한 세대다.

그러나 에코붐 세대의 현실은 결코 밝지 않다. 'N포', '헬조선', '흙수저' 등으로 대변되는 이들은 대학을 졸업하고도 부모와 살아서 '캥거루 세대'라는 별명이 붙기도 했다. 에코붐 세대가 가장 먼저 부딪히는 현실의 벽은 취업난이다. 전 세계적 불황과 저성장 가운데 2008년 글로벌 금융위기 이후 고용 감소와 일자리 질의 저하가 계속되고 있다. 학력 수준의 상향 평준화로 같은 대학을 나와도 과거 세대보다 졸업생의 역량이 더 나은 데 반해 취업문은 더욱 좁아졌다. 취업한다 하더라도 다수가 비정규직으로 평균 소득이 낮을 수밖에 없으며 대학 학자금대출 상환 부담도 안고 있다. 이런 경제적 부담 때문에 결혼이나 내 집 마련을 포기하는 사회현상이 심해진다. 에코붐 세대는 미래 또한 밝지 않다. 2017년 이미 노인 인구가 청년 인구를 역전했다. 베이비붐 세대가 은퇴하면 그들을 부양해야 하는 의무까지 이들이 지게 된다. 엎친 데 덮친 격으로 2020년에는 코로나19의 확산으로 고용 시장이 크게 축소되어 아르바이트나 비정규직도 구하기 쉽지 않은 상황이다.

경제 호황기에 성장해 불황기에 사회에 뛰어들어야 하는 에코붐 세대의 내면에는 호황에서 얻은 자신감과 불황에서 비롯된 불안감, 현실감각이 공존한다. 부모 세대의 고용 불안으로 명예퇴직이나 정년퇴직 후 삶의 질 하락을 목도한 이들은 복지가 좋고 퇴근 시간이 일정한 공무원을 선호한다. 근로자의 기본 권리와 '워라밸'에 관심이 많아 회사의 질적 여건 또한 중시한다. 중

소기업에 취업하기보다는 대기업이나 공기업에 취직할 때까지 파트타임 노동을 하려는 젊은이들 또한 늘고 있다. 또 에코붐 세대는 자신이 원하는 바를 당당하게 밝히고 기성세대에게 공정함을 요구한다. 조직의 구성원으로서든 소비자로서든 호구가 되기를 거부하는 이들은 자신에게 '꼰대질'이나 '갑질'하는 기성세대와 자신을 '호갱'(어수룩해 속이기 쉬운 손님)으로 대하는 기업을 외면한다. 2030세대의 '직통령'(직장 대통령)이라 불리는 '펭수'의 인기도 탈권위적이고 눈치 보지 않으며 할 말은 하는 자유로운 모습에 에코붐 세대가 공감해서일 것이다. 이들은 개인의 삶과 행복을 위해 권위에 굴복하지 않으며 공정한 사회를 만들기 위해 노력하는 세대이기도 하다.

저성장 시대의 욜로 라이프:
'지금 나'를 위해 쓴다

기준금리가 물가상승률도 못 따라가는 상황에서 집값마저 저축으로 구매할 수 있는 가격대를 초월해버린 시대를 맞아, 알뜰하게 저축해 집을 사기보다는 현재에 집중해 자기만족을 위해 소비하는 경우가 늘고 있다. 이른바 '욜로'가 대세다. '욜로'는 미국의 인기 래퍼 드레이크가 2011년 발표한 〈The Motto〉의 가사인 'You only live once: that's the motto nigga, YOLO'가 유명해진 데서 비롯되었다. '인생은 한 번뿐이니 후회 없이 살아라'라는 의미가 재조명받으면서 젊은층이 즐겨 쓰는 유행어가 된 것이다. 욜로족은 불안한 미래를 위해 현재를 희생할 필요가 없다는 삶의 철학을 바탕으로, 자신을 위해 투자해 후회 없는 사는 것을 현명한 선택이라 여긴다.

에코붐 세대의 소비 성향을 보면 가치 소비와 충동 소비의 비중이 높다. 사회적 기준이 아니라 자신만의 기준을 세우고 따르는 이른바 '마이사이더My Sider'인 이들은 저축이나 주택 마련에 목돈을 쏟아붓기보다 식도락이나 여행 등 취미생활과 자기계발에 투자한다. 자신의 관심 분야나 좋아하는 아이템에 돈을 아끼지 않는 가치 소비의 성향이 두드러지는 것이다. 다른 제품보다 비싸더라도 만족감을 느낄 수 있다면 얇은 지갑을 열고, 장기 불황 속에서 미래를 준비하기보다는 현재의 만족을 위한 '작은 사치'에 돈을 쓰는 경향도 늘고 있다. 경제적 제약으로 집이나 차 같은 큰 소비에서 행복감을 얻기가 어려워지면서 주변에서 쉽게 찾을 수 있는 작은 사치를 통해 만족을 얻으려는 것이다. 점심은

구내식당에서 저렴하게 즐기면서 커피는 유명 브랜드 커피 전문점에서 마시는 것처럼 말이다.

한편 '불안·불만·불황'이라는 3불 시대에 저렴한 아이템을 다량으로 구입해 스트레스를 해소하는 '탕진잼'이라 불리는 소비 행태도 늘고 있다. 탕진잼은 '소소하게 탕진하는 재미가 있다'는 말을 줄인 것으로, 큰 지출로 만족을 느끼는 것이 아니라 불황 속 작은 재미로 만족을 찾는 소비자의 모습을 보여준다. 탕진잼의 유형은 가격 대비 성능을 따지는 '가성비파'와 좋아하는 아이템을 수집하려는 '덕후' 취향의 '득템파', 기분에 따라 충동적으로 탕진하는 '기분파'로 나누는데, 그 안에도 다양한 소비 트렌드가 담겨 있다. 그 밖에도 소유하기보다는 공유하고 제품을 구매하기보다 다양한 경험에 투자하려는 성향도 이 세대의 소비 성향이다.

현재를 즐기자는 경향은 결국 아무리 열심히 살아도 현실은 바뀌지 않는다는 사회적 인식 때문에 생겨난 것이다. 불황과 저성장 시대의 소비 양극화는 가성비 높은 저가 제품을 추구하거나 고가의 프리미엄 제품에 대한 수요가 역설적으로 늘어나는 경향으로 나타난다. 일부에서는 욜로족의 현실 즐기기를 '보여주기에 급급한 허세 소비'라고 지적하기도 하고, '있어빌리티'(있어 보이는 것도 능력)라는 신조어가 유행하자 과시 소비를 비판하는 목소리도 있다. 욜로는 미래를 위해 아끼기보다는 그냥 쓰고 보자는 식의 악순환을 만드는 일종의 현실 도피라고 생각하는 사람들도 있다. 불황이 깊어질수록 에코붐 세대의 경제적 고민은 더 깊어진다.

/ 장우진

참고 자료

이준영, 『1코노미』, 21세기북스, 2017 | 임홍택, 『90년생이 온다』, 웨일북, 2018 | 김용섭, 『펭수의 시대』, 비즈니스북스, 2020 | 「'저축 불가, 순간을 산다' 욜로(YOLO)세대… 한 번뿐인 삶을 즐기자」, 《조선비즈》, 2016년 12월 15일 | 「태어나니 '낀 세대' 1992년생을 구하라」, 《경향신문》, 2019년 1월 9일 | 「에코붐(echo boom) 세대의 슬픈 운명」, 《성광일보》, 2017년 5월 25일 | 「'2차 에코붐 세대는 사토리 세대와 닮았다」, 《중대신문》, 2018년 10월 8일 | 「'2차 에코붐 세대' 더 좁아진 백수 탈출구」, 《한국일보》, 2018년 1월 11일 | 「빅데이터로 2030세대 마음속을 들여다보니」, 《인더스트리뉴스》, 2017년 12월 28일 | 「혼행'도 패키지로 가네」, 《한국경제》, 2018년 1월 14일 | 김기령, 「'혼자인 듯 혼자 아닌' 2030 패키지」, 《세계여행신문》, 2018년 10월 22일

나 혼자 간다, '혼행족'과 '혼캠족'

나만의 시간에 집중하고 내 취향대로 즐길 수 있는 '혼행'(혼자 떠나는 여행)을 떠나는 사람들이 늘고 있다. 취업난과 경쟁에 지친 2030세대는 자아 성찰을 위해, 4050세대는 혼자만의 편안함 때문에 혼행을 떠나고 싶다고 말한다. 다른 사람과 일정 조율 없이 훌쩍 떠날 수 있는 혼행은 일행의 눈치를 볼 필요 없이 자기만의 방식대로 여행한다는 장점이 있다. 하지만 숙박비 등 경제적 부담과 안전에 관한 우려도 크다. 거기다 아이러니하게도 외로움을 감당해야 하는 문제도 있다.

이런 단점 때문에 SNS, 포털사이트, 앱 등 다양한 플랫폼을 통해 여행 동반자를 찾기도 한다. 여행 정보를 공유하고 다양한 사람과 만나 추억을 쌓을 수도 있어 많은 혼행족이 동행을 찾지만, 온라인을 통한 단기 만남이기 때문에 연락 두절이나 성추행 등 나쁜 경험을 하는 경우도 있다. 혼행을 떠날 때에는 무료함을 달래줄 게임기나 음향기기, 사진 촬영을 위한 셀카봉이나 삼각대, 이 밖에 안전을 위한 호신용품, 간편 식품, 귀중품 보관을 위한 수납·보안 용품 등을 준비하면 좋다.

'나홀로족'이 대세로 자리 잡으며 여행에 이어 캠핑에서도 '혼캠족'이 늘고 있다. 이들은 혼자만의 시간을 온전히 즐기며 자연을 만끽하려는 사람들이다. 혼캠을 떠날 때에는 1인용 텐트, 침낭, 의자, 미니 사이즈 타프, 1인용 코펠과 스토브면 충분하다. 식사로는 즉석밥과 컵라면만 가져가도 된다. 혼캠족을 위한 1인용 캠핑용품 시장도 성장 중이다. 특히 1인용 캠핑카는 작지만 실용적인 구조로 호젓하게 솔로 캠핑을 즐기고자 하는 이들에게 환영받고 있다.

백 년 동안의
이웃

이옥남 할머니의 일기

1922년 강원도 어느 마을에서 태어나 한평생 농부로 살아온
이옥남 할머니.
할머니는 어릴 적 오라버니가 글 배우는 것을 등 너머로
지켜보며 남몰래 글을 익혔다. 잊어버리지 않으려 부엌
아궁이 앞에 앉아서도 부지깽이로 긁어낸 재 위에 '가', '나'를
수없이 썼다 지웠다. 그러나 여자가 글을 알면 시집가서
편지질해 부모를 속상하게 한다며 글을 배우지 못하게 했던
아버지 앞에서도, 결혼 후에는 시부모와 남편 앞에서도 글을
안다는 사실을 숨겨야 했다. 그녀는 홀로 된 뒤에야 글을
쓰기 시작했다.

"콩잎을 바라보면서 그리도 귀엽게 생각이 든다.
뭣이든지 키우기 위해 무성하게 잘 크는 풀을 뽑으니
내가 맘은 안 편하다. 뽑아놓은 풀이 햇볕에 마르는 것을 보면
나도 맘은 안 좋은 생각이 든다."

할머니 눈에 살아 있는 것은 다 예쁘고 애틋하다. 농사짓느라
어쩔 수 없이 잡초를 뽑아놓고도 말라 죽는 걸 보면 마음이
아프고, 겨울이면 눈 쌓인 산속에서 먹이를 못 찾아 굶고
있을 동물들 걱정에 잠이 오지 않는다.

이름은 몰라도 힘든 일 겪고 마음 아픈 사람들은 다 할머니의
이웃. 화재로 큰 피해를 입은 사람들에게 보낸 선물 보따리
속에는 며느리에게서 선물받은 남방, 한 번밖에 입지 않은
외투, 예쁜 치마 등을 챙기고 손편지를 써서 털신 속에 고이
접어 넣으셨다. 그러고는 "내가 필요 없는 걸 주면 그것도
죄여. 내가 아까워하는 걸 줘야지"라고 말씀하셨다.
대구 지하철 화재 참사(2003년 2월)로 자식을 잃은 부모들의
눈물 나는 소식을 텔레비전에서 보고서도 가만있지 않았다.
군청에 찾아가 성금 10만 원 내고 돌아와 일기장에 이렇게
적었다.

"없이 사느라고 남의 신세만 지고 좋은 일 한번 못 해본 게
한이 되어 조금이나마 보냈다. 자식 잃고 얼마나 애통할까.
텔레비전 보면 맨 속상하기만 하다."

할머니는 남한테 줄 수 있을 때 살아 있음을 느끼고 나눌 수
있어 행복하다.
백 년을 살아 백 년 동안 누군가의 이웃이었던 할머니.
풀꽃과 동물, 작은 벌레도 함부로 하지 않으며 가까운 사람뿐
아니라 멀리 사는 이들에게도 마음 쓰는 참 좋은 이웃.

할머니들의 글쓰기

남편이 세상을 떠나고 홀로 남은 이옥남 할머니가 시작한 일은 글쓰기였다. 글씨 잊어버리지 않게 연습이나 하자며 시작한 일기 쓰기는 어느새 할머니를 어엿한 작가로 만들어주었다. 최현숙 구술생애사 작가는 이옥남 할머니가 30년 동안 쓴 일기를 묶은 책 『아흔일곱 번의 봄 여름 가을 겨울』을 '인생의 책'으로 손꼽으며, 자기가 죽을 때 누군가 곁에 있다면 이 책을 읽어달라고 주문했다. 『할배의 탄생』과 『할매의 탄생』 등을 쓴 최현숙 작가는 "많이 배운 사람보다 고생을 많이 한 사람에게서 배울 게 더 많다"며 "그들의 글은 솔직하고 단순해서 쉽고 깊다"고 평했다.

100세를 코앞에 둔 이옥남 할머니는 백내장 수술 후 눈이 밝아져 글씨를 더 예쁘게 쓸 수 있어 기쁘다며 계속 글을 쓴다. 글쓰기는 할머니가 고통과 상처를 치유하도록 힘이 되어주었고, 할머니의 글은 세상 사람들의 힘든 마음을 어루만져주는 선물이 되었다.

질곡의 역사 속에 가난해서 혹은 여자라서 평생 까막눈으로 살아야만 했던 할머니들이 뒤늦게 글을 배우고 글쓰기를 시작해 책까지 내는 사례가 늘고 있다. 이는 정부와 지방자치단체의 문해 교육과 인문학 프로그램이 활발해진 덕분이기도 하다.

경북 칠곡의 할머니들은 『시가 뭐고?』, 『콩이나 쪼매 심고 놀지며』, 『인생이 다시 내게 말해주는 것들』, 『내 친구 이름은 배말남 얼구리 애뻐요』 등을 출간했는데, 첫 시집 『시가 뭐고?』는 화제를 불러일으키며 8쇄까지 찍었다. 할머니들을 주인공으로 한 영화 〈칠곡 가시나들〉(2019년 개봉)도 제작되었다. 2013년부터 칠곡군에서 시행한 '인문학도시 조성 사업'의 일환으로 27개 마을에서 한글을 배우고 시를 쓰는 할머니들이 400여 명에 이른다. 할머니들의 시에 감동받은 김재환 영화감독이 할머니들을 직접 만나고 나서 평균연령이 86세로 가장 높은 약목면의 일곱 할머니를 주인공으로 선정했다고 한다.

역시나 팔순 나이에 글을 배워 시집 『시집살이 詩집살이』(2016)를 낸 전남 곡성의 일곱 할머니 이야기도 영화 〈시인 할매〉로 만들어졌다. 전남 순천의 할머니 스무 분은 개성 넘치는 그림일기를 묶어 『우리가 글을 몰랐지 인생을 몰랐나』를 펴냈고, 전국 순회 전시회는 물론 미국 4개 도시에서도 전시회를 열었다. 『엄마의 꽃 시』는 교육부와 국가평생교육진흥원이 개최한 '전국 성인문해교육 시화전' 수상작 100편을 묶은 책으로, 김용택 시인은 난생처음 한글을 배운 할머니들이 쓴 시를 보며 "스스로 얼마나 건방을 떨었는지 알게 되었다"고 고백했다.

　평생 자신을 돌볼 엄두를 내지 못했던 할머니들이 혼자가 된 후 글쓰기를 시작해 많은 이들에게 감동을 준 사례는 해외에서도 찾아볼 수 있다. 일본의 시바타 도요(1911~2013)는 92세에 시를 쓰기 시작해 98세가 되던 2010년에 장례비용으로 모아둔 돈으로 첫 시집 『약해지지 마』를 출판했는데, 이 책이 150만 부 이상 팔려 밀리언셀러 작가가 되었다. 시바타 도요의 시집은 우리나라를 비롯해 독일, 네덜란드 등 5개국에서 번역 출간되어 사랑받았다.

　미국의 국민 화가로 불리는 모지스(본명 애너 메리 로버트슨Anna Mary Robertson, 1860~1961)는 76세가 되어서 그림을 시작해 80세에 첫 개인전을 열었고, 92세에 자서전을 출간, 93세에 《타임스》표지를 장식했다. 왕성하게 활동하며 1,600여 점의 그림을 남기고 101세에 세상을 떠난 할머니의 자서전 『인생에서 너무 늦은 때란 없습니다』는 시작을 망설이는 이들에게 용기를 준다.

손편지의 힘

　짧고 강렬한 삶과 작품 세계가 놀랍게 닮은 두 천재 화가 고흐와 이중섭의 외롭고 궁핍한 현실을 견디게 해준 것은 마음을 담아 눌러쓴 손편지였다. 고흐가 후원자인 동생 테오에게 보낸 600여 통의 편지에는 그림에 대한 열정과 창작의 고통이 진솔하게 적혀 있다. 이중섭이 5년간 일본에 떨어져 살던 아내에게 보낸 100여 통의 편지에는 사랑하는 가족에 대한 그리움이 가득하다.

　신체를 구속하는 감옥이라는 극단의 공간에서 쓴 손편지는 더욱 간절하다. 고통을 견뎌가며 보낸 편지 모음이 명작이 된 경우도 있다. 1985년 '구미유학생간첩단' 조작 사건으로 무기징역을 선고받았던 황대권 씨는 1998년 광복절 특사로 세상에 나올 때까지 13년 2개월 동안 독방에 갇혀 지냈다. 그가 교도소 운동장 한구석에 야생초 화단을 만들어 가꾸며 동생에게 편지로 보낸 식물 관찰 일기는 2002년 『야생초 편지』로 출간되어 100만 부 이상 팔리면서 밀리언셀러에 올랐다. 황대권 씨는 2020년 2월, 수감된 지 35년 만에 열린 재심에서 무죄 선고를 받았다.

　사상가이자 뛰어난 문필가인 신영복 선생(1941~2016)은 '통일혁

명당' 사건으로 무기징역형을 받고, 1968년부터 20년간 복역하
다 1988년 광복절 특별 가석방으로 출소했다. 그가 감옥에서 쓴
편지글을 모은 『감옥으로부터의 사색』은 뛰어난 명상록으로 사
랑받으며 이 시대의 고전이 되었다.

　　손편지만큼 마음을 잘 전할 수 있는 소통 수단이 있을까. 손편
지를 보낼 대상이 마땅찮을 때, 가족이나 친구에게는 말하지 못
할 고민을 누군가에게 털어놓고 싶을 때 활용할 수 있는 우편함
이 있다. '온기우편함'은 마음속 고민을 털어놓고 위로받고 싶은
이들을 위해 정성 가득한 손편지를 보내주는 아주 특별한 우편
함이다. 고민을 적은 편지를 익명으로 보내면 '온기우체부'라 불
리는 자원봉사자들이 손편지로 답장을 해준다. 비영리단체인 온
기제작소와 한국우편사업진흥원이 '위로와 공감이 필요한 사람
에게 온기를 전하자'는 취지로 2017년 2월부터 시작한 사업이다.
　　편지는 서울 시내 곳곳에 설치되어 있는 온기우편함에 직접
넣거나 우편으로 보내면 된다. 100여 명의 온기우체부들은 자신
의 경험을 통해 가장 잘 공감할 수 있는 편지를 맡아 답장을 쓰
는데, 정답을 전하기보다는 공감하고 위로를 주도록 노력한다고
한다. 편지는 '3주 이내 답장'이 원칙이지만 가슴 먹먹한 사연일
경우에는 고민하느라 좀 더 오래 걸리기도 한다.
　　2020년 7월 중순까지 보낸 답장은 7,493통이다. 어떤 대가도

많이 배운 사람보다
고생을 많이 한
사람에게서 배울 게
더 많다.

그들의 글은
솔직하고 단순해서
쉽고 깊다.

없이 시간을 내어 모르는 사람의 고민을 읽고 답장하는 온기우체부들은 이 활동을 통해 스스로 더 큰 위로를 받는다고 입을 모은다. 그래서 고민 편지 발신자가 훗날 온기우체부가 되는 일도 종종 있다. 인생의 어두운 터널을 지나는 사람들에게 응원을 건네면서 더불어 힘을 내는 것이다. 대학생 시절 온기우편함을 시작한 조현식 온기제작소 소장은 과거와 현재를 넘나들며 고민 편지를 주고받는 환상소설인 『나미야 잡화점의 기적』을 읽고 아이디어를 얻었다고 한다.

혼자 살면서 문득 고민을 털어놓을 사람이 아무도 없다고 느낄 때, 자신을 이해해줄 누군가와 손편지로 소통해보면 어떨까. 남의 이야기를 잘 들어주거나 봉사활동에 관심이 있다면 온기우체부로 활동해도 좋을 것이다.

/ 정희정

참고 자료

이옥남, 『아흔일곱 번의 봄 여름 가을 겨울』, 양철북, 2018 | '온기우편함' 블로그와 페이스북 | 「최현숙의 내 인생의 책 ⑤ 아흔일곱 번의 봄 여름 가을 겨울―이옥남」, 《경향신문》, 2019년 6월 27일 | 「詩는 이런 것이구나… 시인에 깨달음을 준 건 할머니들의 詩였다」, 《한국일보》, 2018년 5월 17일 | 「누군가의 고민에 '손편지' 답장을 보냅니다」, 《한겨레신문》, 2017년 3월 20일 | 「78세에 붓을 잡은 국민화가, 그랜마 모지스」, 《VOA》, 2018년 5월 17일 | 「칠곡·안동·순천… 곳곳서 뜨는 할머니 스타 시인들」, 《조선일보》, 2020년 1월 23일 | 「99살 할머니의 첫 시집, 일본 열도를 흔든다」, 《한겨레신문》, 2010년 10월 8일

치유의 글쓰기와 손편지 쓰기를 도와드려요

5G 시대에 사람들은 이메일이나 SNS로 많은 이들과 신속하게 소통하지만 소통의 깊이는 오히려 얕아진 듯하다. 실시간으로 주고받는 가벼운 피드백 대신 일부러 느리게 배달되는 손편지를 쓰고 싶거나 받고 싶을 때 활용할 수 있는 서비스가 있다.

하고 싶은 말이나 고민이 있지만 주변 사람에게 이야기하거나 SNS에 올리기 힘든 경우, 차라리 모르는 사람에게 털어놓고 위로받고 싶다면 '온기우편함'에 편지를 보내보자. 삼청동, 덕수궁, 광화문, 혜화역과 종각역 부근 등 서울시 10곳에 설치된 온기우편함에 편지를 직접 넣거나 우편(서울시 광진구 광나루로15길 26 1층 온기우편함)으로 보내면 된다.

편지 쓰기를 도와주는 앱 '이지온메일'은 온라인으로 쓴 편지를 대신 출력해서 편지를 보내준다. 앱 '밤편지'는 지인뿐 아니라 모르는 사람과도 편지를 주고받는 서비스를 제공한다.

글쓰기의 치료 효과 연구에서 세계적으로 인정받는 전문가인 미국 텍사스대학교 심리학과 제임스 W. 페니베이커James W. Pennebaker 교수의 책 『글쓰기 치료』와 『표현적 글쓰기』 등에는 글쓰기가 병원을 찾는 횟수의 감소, 면역 기능 개선, 업무 수행 능력과 성적 향상 등에 얼마나 효과가 있는지에 대한 다양한 임상 결과가 담겨 있다. 글쓰기로 치료 효과를 보려면 힘들었던 경험과 트라우마에 대해 구체적으로 기록하고 당시 느꼈던 감정을 상세하게 적어야 하는데, 이 같은 정서적 경험을 표현하는 글쓰기는 3~4일 연속으로 하루에 15~20분 정도 하는 것만으로도 효과가 있다고 한다.

오늘의
드레스 코드

손자한테도 그냥
할머니 말고
꼭 이름 붙여서
말하라고 해요.

내 이름 잊지 않고
기억하라고…….

'할머니'로 정의되기 싫은 할머니들의
'나' 찾기 프로젝트

학생에서 엄마가 되고 이제는 할머니라 불리는 나이,
학교와 회사를 거쳐 이제는 경로당을 찾을 나이지만,
다시 시작하는 청춘 '18학번'.

호칭도 나이를 먹고 소속도 나이를 먹었으니 '어르신을
위한 프로그램'을 살펴본다. 건강관리, 노래교실, 사교댄스,
요리교실, 아쿠아로빅……
그런데 '내가 할 수 있는 게 정말 이것뿐일까?'

'할머니'로 정의되기 싫은 할머니들은 그렇게 '할머니학교'의
학생이 되었다.

"내 나이에 맞는 수업을 하겠지 했는데 지난 감정을 되살리는
수업이더라고요."

오랜만에 느껴보는 '우리'라는 기분, 속마음을 꺼내 보이는
할머니들. 그리고 예술에 담기는 할머니의, 여성의 삶.
그리고 어느 날 이곳에 찾아온 '미투' 수업. 너무 변해버린
시대가 눈앞에 나타나고 흐려지던 기억 속에서 선명한
기억이 떠오른다.
"45년 전 일이 떠올랐다. 삼촌이 조카를…… 입에 담지는
못하겠다."
"6학년 때 남자 선생님이 수업 끝나면 교단에 누워서 다리를
주무르라고 했어요."
"미투 수업을 하고 나니까, 그게 뭐였는지…… 이제 알았죠."

잊을 수 없었던 기억의 이유를 찾은 할머니들.
"잘은 모르겠어요. 시대가 변했지. 이제 나도 보라색 옷을
입어요."

달라진 시대의 문제를 바라보는 할머니들.
"며느리, 아내, 엄마로만 살았던 세월이 아까워요.
평생 나 없이 살았거든요."

숨기고 살아왔던 '나'를 찾는 할머니들.
"할머니 하면 경로당이었지 뭐. 그런데 그게 아니에요, 이젠.
나도 할 수 있다!"

할머니학교:
다시 쓰는 인생 2막

  '할머니학교'는 할머니들이 자신을 재발견하고 제2의 인생을 행복하고 주체적으로 살아가도록 지원하는, 여성 어르신을 위한 교육 프로그램이다. 금천구는 어르신들이 복지 정책의 수혜자라는 수동적 지위에서 벗어나 사회문제 해결의 주체이자 공동체 내 '지혜의 창고'로서 역할할 수 있도록 지원하는 방안을 고민했다. 이에 2017년부터 '여성의 시선으로 지역사회 문제를 고민하고 할머니의 인생 경험을 다른 세대와 나눈다'는 취지로 할머니학교가 문을 열었다.

  기존의 노인복지관이나 경로당에서 체조, 노래교실, 컴퓨터 교육 등을 위주로 가르칠 때 할머니학교는 '대화와 드로잉', '자연과 함께 천천히 살다'(인문학·생태학), '문화기획' 등의 과목으로 학생들을 만났다. 문화기획 수업 내용은 '할머니의 문화유산 연구', '몸 도서관' 등이다. 특강에서는 '노인의 언어'에 대해 이야기하고 맨몸으로 도심과 자연환경의 장애물을 뛰어넘는 운동 '파르쿠르'를 진행하기도 한다. 또 '미투운동, 그건 뭐'라는 수업으로 할머니들은 자신의 삶을 규정해온 가부장제의 문제점을 인식하고 자식과 손주 세대를 이해하게 되었다.

할머니학교는 발표와 토론으로 수업을 진행한다. 학생들은 자신을 연구생으로 생각하며 실명이 아닌 스스로 정한 닉네임으로 서로를 부른다. 보라색은 1학기의 드레스 코드다. '세계 여성의 날 기념행사'에 보라색 옷을 입고 참석한 전 세계 여성들을 지지하고 연대한다는 뜻에서 그렇게 정했다. 학생들은 이 학교에서 누군가의 아내, 엄마, 할머니가 아니라 한 학생, 한 여성, 한 인간으로서 배우고 공부한다.

할머니학교 외에도 어르신 스스로 기획하고 교육을 진행할 가능성을 열어둔 사회참여형 동아리와 교육 프로그램들이 있다. '뭐라도학교'는 수원 평생학습관의 '인생학교'라는 교육 프로그램 참여자들의 친목 모임에서 시작해 현재는 시민들이 직접 결성한 비영리단체로 '뭐라도 배우고, 뭐라도 나누고, 뭐라도 즐기고, 뭐라도 행하자'를 신조로 하는 노인 준비 세대의 배움 커뮤니티이자 네트워크 플랫폼이다. '인생나눔교실'처럼 선배 세대가 멘토가 되어 새내기 세대(멘티)에게 인생 경험과 지혜를 나누며 인문 가치를 공유하는 프로그램도 있다. 이 밖에도 청년 세대와 60대 이상의 노인 세대가 서로 밥상을 차려주며 세대 간의 밥상 문화와 정서를 교류하는 '친밀한 밥상', 돌봄 사각지대에 있는 노인을 위한 '우리동네 수호천사', 방송, 보도, 영상 분야의 재능을 공유하고 공동체를 돌보는 '선배시민자원봉사단', 시니어 문화 디자이너 양성을 위한 지역 문화 변화 사업 '시니어 문화 이모작', 부천 복지공동체 '은빛날개', 노인과 아동이 함께 생활하는 커뮤니티 '뿌리와새싹' 등 여러 프로그램이 있다. 이런 프로그램들은 단순한 배움에서 출발해 참여하고 공감하며 나눔으로 이어질 수 있어, 자기계발을 원하는 어르신의 삶에 생동감을 주고 재능 나눔이나 사회참여의 장을 마련해 사회적 소속감을 부여한다.

노년의 재해석:
'노년기'는 또 다른 '성장기'

노인老人은 사전적 의미로 '나이가 들어 늙은 사람'을 말하지만, 그 단어 속에는 '우리와 다른', '익숙하지 않은 낯선' 존재로 행동이나 문화가 '촌스럽고 시대에 뒤떨어진다'는 부정적 의미가 덧붙여져 있다. 젊은이에게는 당연시되는 사랑, 도전, 열정과 같은 감정을 노인에게서는 배제하기도 한다. 나이가 들었다는 사실은 개인의 개별적 정체성을 덮고 '노인'이라는 집단 속에 가

두어, 소외되고 무기력하고 촌스러운 존재로 전락시킨다. 이런 부정적 의미를 해소하기 위해 1998년 한국사회복지협의회는 공모를 통해 '노인'을 대체할 말로 '어르신'을 선정했지만, 여전히 연령 차별적 사회 분위기가 계속되고 있다.

할머니학교 최소연 교장은 "노인 한 명이 죽는 것은 도서관 하나가 불타는 거예요"라고 말한다. 전통 사회에서 노인은 오랜 시간 축적된 '지식의 보고'였지만, 현대사회에서 노인이 축적해온 지식과 경험의 가치는 퇴색하고 그들의 사회적 역할 또한 크게 축소되었다. 그런데 우리 사회가 노년과 노화를 보는 시각은 실제 노년의 본질과 동떨어져 있어 노년에 대한 오해를 바로잡을 필요가 있다. 인간의 발달은 성인기에 완성되는 것이 아니라 중년을 거쳐 노년에 이르기까지 전 생애에 걸쳐 진행된다. 생애의 모든 단계가 발달에 중요하며 어떤 시기가 더 우월하다고 말할 수 없다. 노년기 역시 발달 과정 안에 포함되며, 노년기에도 우리는 계속 성장한다. 인간의 일생 중 더 이상 발달하지 않고 변화하지 못할 시기는 없다. 노년에 이르러서도 새로운 것을 배우고 익힐 수 있으며 변화를 시도할 수 있다. 노년의 삶을 신체적 쇠퇴나 노화에만 초점을 두지 말고 전 생애적 관점에서 통합적으로 이해해야 한다.

우리나라의 노인 문화예술교육은 사회 취약 계층에 대한 복지 차원에서 시작되었기 때문에 건강체조, 노래교실, 탁구 등 단순

인간의 일생 중
더 이상
발달하지 않고
변화하지 못할
시기는 없다.

기량이나 체육과 같은 제한된 영역의 강습에 그치는 것이 대부분이었다. 그러던 것이 2005년 지방문화원 어르신문화프로그램 시범사업이나 2006년 한국문화예술교육진흥원의 사회문화예술 교육 지원사업으로 노인 문화예술교육을 본격적으로 시작했다. 최근에는 노인들이 수동적인 관객이 아니라 문화 생산자로 거듭나도록 돕는 문화예술교육이 늘어나는 추세다.

이제 노인은 문화애호 계층, 문화 마니아, 문화 자원봉사자, 문화 동호회의 일원 등 문화를 향유하는 적극적인 계층이 되었다. 더불어 노년 세대에 대한 확장된 인식과 이해를 바탕으로 이들을 위한 다양하고 세분된 문화예술교육이 요구되고 있다.

/ 장우진

참고 자료

「노년의 삶과 문화예술 교육」, 《2015 서울예술교육포럼 자료집》, 서울문화재단, 2015년 5월 27일 | 「노년의 삶에 문화예술교육이 필요한가?」, 《오마이뉴스》, 2015년 5월 29일 | 「서울 금천 '할머니학교' 당당하고 지혜로운 여성어르신 리더 길러낸다」, 《백세시대》, 2018년 7월 27일 | 「미투 할머니학교 "말 못하고 살았던 시간, 되풀이 말아야죠"」, 《한겨레신문》, 2018년 12월 15일 | 「서울시 '50플러스 캠퍼스'… 인생 이모작을 짓는 복합교육·문화공간」, 《이모작뉴스》, 2020년 1월 29일

시니어 세대의 문화 인생을 위한 서울시 '50플러스 캠퍼스'

서울시50플러스재단(50plus.or.kr)은 인생 2막을 준비하는 '50플러스 세대'(50~64세)를 지원하기 위해 '50플러스 캠퍼스'를 운영한다. 시니어 세대가 새로운 일과 삶을 설계할 수 있도록 상담, 교육, 일자리 연계, 커뮤니티 활동 등을 지원하는 복합문화공간이다. 청년과 노년 사이에 '낀 세대'로 인생의 전환기를 맞았지만 별다른 사회적 지원을 받지 못하는 50플러스 세대를 대상으로 각종 교육과 함께 일자리도 소개한다.

50플러스 세대의 관심이나 선호, 경험, 조건에 따라 선택하도록 세 개 학부(인생재설계학부, 커리어모색학부, 일상기술학부)로 구성된 교육 프로그램을 학기별로 진행하고, 사회의 공유가치 창출을 위한 일자리와 업종 발굴, 연계 사업까지 추진하고 있다. 50플러스 캠퍼스는 생애 전환기를 맞은 사람들이 사회 기여를 위한 기회를 도모하고 새로운 노년의 삶과 경험을 모색하는 곳으로, 새로운 친구도 만나고 새로운 일도 도모할 수 있는 공간이다.

적극적으로 일과 활동을 추구하는 50플러스 세대의 욕구에 맞춰 프로그램 수강 후 일과 활동을 연계하도록 지원해 교육의 실질적 성과를 높이도록 교육과정을 구성하고 있다. 또한 중장년 1인 가구, 지역사회 취약 계층 지원을 위한 사회 서비스 분야의 교육을 더욱 강화하고, 직장에 다니는 50플러스 세대를 위한 '퇴근길 캠퍼스', '찾아가는 50플러스 캠퍼스'를 운영하는 등 보다 다양한 50플러스 세대가 참여하도록 프로그램 구성의 폭을 넓히고 있다.

우리는
함께할 수 있는
재미있는 일에 대한
수천 가지
아이디어를
가지고 있습니다.

인생의
마지막 한 잔

living longer

?

living well

?

노년을 위한 협동 주거 '시니어 코하우징'

혼자이지만 외롭지 않게 중년 이상의 사람들이 모여 사는 집.

"갈등이 많을수록 더 많은 대화와 토론이 필요할 뿐이에요.
어떤 문제가 생겨도 이야기를 나누면 해결해갈 수 있죠."

OECD 국가 통계에 따르면 노르웨이 1977년, 덴마크 1978년,
스웨덴 1972년, 핀란드는 1994년에 이미 고령사회(65세 인구가
총인구의 14퍼센트 이상)에 진입했다. 이때 몇몇 중년이 홀로 산다
해도 외롭지 않게 중년 이상의 사람들이 모여 사는 집을
상상했다. 자연스럽게 사회적 접촉이 이루어지도록 건물의

15~20퍼센트는 공동 생활공간으로 마련히고, 널찍한 공동 주방과 서로 자주 마주칠 수 있는 현관, 그리고 함께 가꾸는 정원을 설계했다. 물론 공동 시설 외에는 모두 개인 공간이며 사생활은 철저하게 지켜져야 한다.

노년을 위한 협동 주거 Collaborative Housing '시니어 코하우징 Senior Co-Housing'은 1970년대 이후 덴마크, 스웨덴, 노르웨이, 핀란드, 아이슬란드, 영국 등에서 다양한 형태로 생겨났다.

1980년대 스웨덴에서는 '공영임대주택'의 형태로 '시니어 코하우징'을 계획했다. 그리고 지역 정치인, 지방자치단체, 주택회사, 건축가 등과 함께 상상을 현실로 만들었다. 스웨덴 '시니어 코하우징'의 약 60퍼센트는 공영임대주택이다. 일주일에 5회 함께 식사하기, 정원에서 식사하는 7월의 저녁, 집에서 열리는 셰익스피어 축제, 크리스마스 준비 같이 하기 등, 이곳 사람들은 함께 사는 동안 생활비와 건물 관리비는 줄이고 다양한 사람과 만남을 늘려가며 인생의 황혼을 살아간다.

"코하우징 주민들의 활발한 사회적 접촉은 건강이 약해지거나 외부에 의존하는 시기를 늦춰준다. 이는 스웨덴을 비롯한 서유럽 복지국가들이 고령자들의 건강을 증진하고 사회적 부양 비용을 감소하기 위해 시니어 코하우징을 지원하는 이유다."

함께 황혼을 나누며 살아가는 이 집의 이름 '페르드크네펜Färdknäppen'은 '인생의 마지막 한 잔'이라는 뜻이다.

호모 헌드레드가
단순히
오래 사는 것이
아니라

건강하게
잘 사는 것을
의미하기 위해서는
무엇이 필요할까?

호모 헌드레드:
노년의 '존엄'과 '독립'을 위하여

2009년 유엔은 '세계인구 고령화 보고서'에서 호모 헌드레드Homo Hundred라는 용어를 사용했다. 이는 인간의 보편적 기대수명이 100세에 다다른 시대가 왔음을 알려준다. 유엔 보고서는 평균수명이 80세를 넘는 국가가 2000년에는 6개국에 불과했지만, 2020년에는 31개국으로 급증할 것으로 예상했다. 수명이 늘어나는 만큼 행복지수도 높아지면 좋겠지만 장수는 우리에게 축복이 아닌 재앙이 될 수도 있다. 2017년 기준 우리나라의 평균 기대수명은 82.7세지만, 병을 앓지 않는 건강수명의 평균은 64.9세다. 이는 많은 고령자가 10년 이상 만성질환에 시달릴 수 있다는 뜻이다(통계청, 「생명표, 국가승인통계 제101035호」). 질병과 더불어 살아가야 하는 유병장수有病長壽는 개개인 삶의 질을 떨어뜨리고, 의료비와 노년 부양비를 높여 국가적 재정 부담을 야기할 수 있다.

우리나라는 저출산과 맞물려 고령화가 빠르게 진행 중이다. 1960년 2.9퍼센트에 지나지 않던 노인 인구의 비중은 2019년 14.9퍼센트를 차지했고, 2067년에는 46.5퍼센트가 될 전망이다.

노동력을 가진 청장년층 인구 비율은 계속 감소하는 데 비해 노년층 인구는 빠른 속도로 증가하고 있다. 한국 노인의 상대빈곤율과 자살률은 최상위 수준이다. 과거와 달리 노후를 스스로 책임져야 한다는 인식이 확산하면서 한국 노인의 상대빈곤율은 계속 증가하는 추세다. 노인 한 명이나 부부로 이루어진 노인 단독가구의 비율은 2019년 전체 가구의 21.8퍼센트를 차지했고, 2045년에는 거의 50퍼센트에 육박할 전망이다. 사회와 단절되어 홀로 사망하는 독거노인의 고독사는 또 다른 사회문제로 대두되고 있다.

호모 헌드레드가 단순히 오래 사는living longer 것이 아니라 건강하게 잘 사는living well 것을 의미하기 위해서는 무엇이 필요할까? 2002년 과학저널 《네이처》는 젊은 세포보다 늙은 세포가 면역력이 더 강하다는 색다른 연구 결과를 발표했다. 늙은 세포가 젊은 세포보다 외부 스트레스에 더 강한 저항력을 갖고 있다는 것이다. '늙음'은 소멸의 과정이 아니라 끊임없는 적응 과정이다. 2015년 유엔은 인류의 평균수명을 고려해 인간의 생애주기를 새롭게 나누었다. 0~17세는 미성년, 18~65세 청년, 66~79세 중년, 80~99세 노년, 100세 이상은 장수 노인으로 분류했다. 이 기준에 따르면 만 65세까지가 청년이다. 평균수명 100세 시대, 노인을 더 이상 부양의 대상이 아니라 생산 가능 인구로 바라보는 인식의 전환이 필요하다.

2018년 우리나라의 65세 이상 일하는 고령자는 31.3퍼센트로 계속 증가 추세다. 이들 중 75퍼센트 이상은 자녀와 같이 살지 않으며, 75세 이상의 일하는 고령자 중에는 무려 82퍼센트가 자녀와 따로 산다. 자녀로부터 독립해 자립적으로 살고자 하는 노후 세대는 계속 증가하며, 은퇴 후에도 하고 싶은 일을 능동적으로 찾아 도전하는 액티브 시니어 Active Senior 역시 늘고 있다. 바야흐로 인류는 전례 없이 긴 청춘 시대를 맞이했다.

다양한 형태의 시니어 코하우징

우리 사회는 급격히 늘어난 노인 세대 부양을 위해 노령층에 맞는 생활환경과 주거 공간을 필요로 하고 있다. 우리보다 먼저 고령사회를 경험한 유럽 국가들은 오래전부터 노인 생활의 주거 복지를 위한 연구를 진행해왔다. 그중에서도 개인 공간과 공유 공간이 공존하는 시니어 코하우징이 주목받고 있다. 시니어 코하우징은 노인들이 가족에게 의지하지 않고 이웃과 새로운 인

연을 만들어가는 주거 방식이다. 사생활은 보호받으면서 이웃과 자주 만나 공동체의 친밀함을 유지할 수 있는 장점 때문에 각광받는다.

시니어 코하우징은 1980년대 초 덴마크 코펜하겐에서 몇몇 중년의 연구로 시작되었다. 그들은 나이가 들더라도 인간적 존엄성을 유지하며 살기를 원했고, 요양원에 입주하지 않기를 바랐다. 이를 위해 그들은 지방정부, 주택조합 그리고 다른 노후 세대의 사고방식을 바꾸려 부단히 노력했고, 그 결과 1987년 6월 '미드고즈그룹펜 코하우징'을 완성했다. 미드고즈그룹펜은 건축 회사 뱅 터만슨이 코펜하겐 뫼른너파켄에 있던 5층 공용임대주택단지 가운데 4개 열을 시니어 코하우징으로 개조한 것이다. 미드고즈그룹펜 이후 시니어 코하우징은 노후 세대를 위한 새로운 주거 대안으로 떠오르며 사람들의 관심을 받고 있다.

스웨덴의 경우 1989년 스톡홀름에 지은 '페르드크네펜'이 있다. 이곳은 중년 여성 몇 사람의 아이디어로 시작해 조합을 결성하고 2년간 공동체 이념에 대한 논의를 거쳐 완성되었다. 면적에 따라 임대료를 지불하고, 주민들이 직접 관리한 부분에 대해서는 주택회사가 비용을 조합에 되돌려준다.

핀란드 헬싱키에는 페르드크네펜에서 영감을 얻어 2006년에 지어진 아파트 '로푸키리'(마지막 전력 질주라는 뜻)가 있다. 로푸키리는 4명의 할머니가 사유지를 저렴한 가격에 임대해 지은 아

파트다. 총 58가구 주민들의 평균연령이 68세임에도 아파트를 직접 설계했다는 점에서 의미가 크다. 더 특별한 것은 젊은이들이 이곳에서 일하고 국가로부터 급여를 받을 수 있는데, 노인 부양 문제와 청년 일자리 창출까지 모두 실현했다는 점에서 고령화 시대의 문제를 해결하는 성공적 모델로 꼽힌다.

'시니어 코하우징'은 지속가능한 적정 가격의 주택을 제공한다는 점에서 다른 시니어 주택 대안보다 훨씬 경제적이다. 또 수십 년간의 시니어 코하우징 경험은 이곳에 사는 사람들이 일반 주택에 사는 노후 세대보다 덜 고독하고 덜 아프다는 것을 입증했다. 이는 노인 생활의 질적 향상뿐만 아니라 간호와 부양에 대한 사회적 비용을 줄이는 효과로도 이어진다.

/ 장우진

참고 자료

홍희정·홍성현, 『스웨덴에서 한국의 미래를 꿈꾸다』, 이담북스, 2019 | 최정신·이언 폴손, 『스칸디나비아의 시니어 코하우징』, 어문학사, 2015 | 「2019 고령자 통계」, 통계청, 2019년 9월 27일 | 김주현, 「고령화와 노인 삶의 변화」, 통계청 통계개발원, 2015 | 황경란, 「고독사 현황과 독거노인 지원 방안」, 경기도 복지발전소 경기복지재단, 2017 | 김태은, 「북유럽 국가의 복지기술 활용과 시사점」, 《보건복지포럼》 통권 제246호, 한국보건사회연구원, 2017년 4월 | 「'시니어 코하우징' 살 만할까?」, 《아시아경제》, 2018년 11월 22일 | 「개인집에 살며 식사—취미는 함께… 독거 외로움 떨칠 '코하우징'」, 《동아일보》, 2019년 8월 17일

한국형 시니어 코하우징 '두레주택'

한국은 1990년대에 노인을 위한 주거지로 '실버타운'을 만들었다. 실버타운은 양로원이나 요양원과는 달리 입주자들의 입주금으로 운영되는 노인 거주 단지를 말한다. 그러나 입주금이 너무 높아 소득에 따른 입주 여건의 차이가 심했고, 또 외로운 노인들이 모인 곳이라는 부정적 인식이 늘면서 대체 주거지 마련이 요구되기도 했다.

최근 실버타운의 문제점을 보완해 고령자를 위한 맞춤형 공공임대주택을 마련하기 시작했다. 2015년 서울시와 금천구는 노후한 기존 경로당을 철거한 뒤 4층 건물을 지어 1~2층에는 경로당, 3~4층에는 65세 이상 어르신들이 공동체 생활을 할 수 있도록 '두레주택'으로 만들어 제공하기 시작했다. 그 뒤 금천구의 '보린주택', 동작구의 '미소주택', 은평구의 '은빛주택' 등 어르신 전용 공공임대주택이 늘고 있다. 이 임대주택은 세대별 면적에 따라 보증금 1500~2500만 원에 임대료는 월 10만 원 수준이다. 2년마다 재계약이 가능하고 최장 10년 동안 거주할 수 있다. 구체적인 주택 정보와 입주 기준 등은 서울시 공동체주택플랫폼(soco.seoul.go.kr)에서 확인할 수 있다.

두레주택 역시 입주자들이 스스로 정한 생활 규약을 통해 자율적 주거공동체를 운영하기를 권장한다. 예비입주자를 뽑아 워크숍을 통해 '두레주택'의 생활방식을 사전에 충분히 인지했는지 적합도를 살펴보고 최종 입주자를 선정한다. 선정된 입주자의 의견을 설계 단계에서부터 반영해 수요자 맞춤으로 공간을 조성한다. 입주 초 관계 형성을 위한 멘토제를 운영해 갈등 상황이 생겼을 때 입주자들이 자유롭게 의견을 나눌 수 있도록 돕고 있다.

기억을 소환하는
고양이

치매 노인에게 웃음을 되찾아준 고양이

점점 흐려지는 생의 마지막 시간을 보내기 위해 한 요양원에
모인 치매 노인들. 너무 길고 지루한 일상 속 고요와 적막이
흐르던 곳에 어느 날 갑자기 등장한 손님! 태어나자마자
버림받은 생후 2개월의 새끼 고양이 '터틀'과 '피치스'.
틈만 나면 달리고 놀아달라고 조르고, 그러다 지쳐 잠드는
터틀과 피치스.

한 간호사의 제안으로 시작된 치매 노인들의 새끼 고양이
돌보기 프로젝트. '자신도 보호가 필요한 노인들이 고양이를
보살필 수 있을까?'라는 걱정과 달리 점점 서로의 안식처가

되어가던 어느 날, 문득 기적처럼 '기억'이 찾아왔다.

"우리는 고양이를 19마리나 길렀어요."
"꼭 아기 같았어요. 어렸을 때 저는 고양이를 유모차에 태우고
돌아다녔어요. 옷도 입혔고요."
"어릴 때 고양이 한 마리가 있었고 그다음에는 개를 키웠죠."

새끼 고양이를 안고 젖병을 물리면서 근육 기억을 다시
사용하고 기억 경로가 완성되면서 기억이 깨어났다.
치매 노인들의 기억을 소환하는 고양이가 된 터틀과 피치스.
이들의 지워진 기억을 되살린 비밀.
"치매를 앓는 노인들이라도 아직 잊지 않았던 거죠. 사랑을
주고받고 싶은 마음을요. 새끼 고양이들이 바로 그 기회를 준
거고요."

터틀과 피치스는 요양원에 살면서 몸무게가 2배로 불었고,
치매 노인들의 병세도 눈에 띄게 호전되었다.
미국 애리조나주 치매 노인 요양원에서 진행된 작은 실험은
성공을 거두었고 더 많은 지역으로 확산 중이다.

치매를 앓는
노인들이라도
아직 잊지
않았던 거죠.

사랑을
주고받고 싶은
마음을요.

동물교감치유

미국 애리조나주 투손시의 '피마동물보호센터'는 구조한 동물
을 돌볼 사람이 늘 부족했다. 같은 지역에 있는 치매 노인 요양원
'카탈리나 스프링스 메모리케어'의 노인 환자들은 하루하루를
무료하게 보내는 것이 문제였다. 간호사 레베카의 제안으로 피
마동물보호센터와 카탈리나 스프링스 메모리케어가 새끼 고양
이 돌보기 제휴를 맺으면서 기적이 일어났다. 노인 환자들이 새
끼 고양이들을 돌보면서 고양이들의 체중이 몇 주 만에 4배나 늘
었고, 노인들의 얼굴에 미소가 번지기 시작했다. 노인들은 고양
이를 위해 기꺼이 팔과 어깨를 내어주고 젖병을 물리면서 어린
시절의 기억을 떠올렸다. 고양이와 교감하며 기억이 되살아나는
기적이 일어난 것이다. 이 사례를 바탕으로 동물교감치유는 미
국의 더 많은 지역으로 확산되고 있다.

최근 치매 환자에 대한 의료적 처방의 부작용을 해결할 수 있
는 동물교감치유를 포함한 대체보완의학적 치료법이 늘어나고
있다. 동물교감치유는 사람과 동물의 유대를 통해 질병을 개선
하거나 보완하는 대체 요법이다. 동물교감치유는 치매 환자들의

우울감 감소, 사회성 증가, 자아존중감 향상, 신체 기능 향상, 인지 기능 향상 등의 효과를 가져온다.

노인들은 나이가 들면서 의존성 증가와 자기 가치 상실에 두려움을 느끼는데, 반려동물을 기르는 일은 노인들에게 다른 존재를 돌볼 수 있다는 자신감을 유지하게 해 정신건강에 도움을 준다. 또 무조건적 애정과 사랑을 보여주는 반려동물과의 상호작용은 노인들이 타인으로부터 거부당하는 데서 오는 불쾌감을 해소해주므로 반려동물을 돌보는 과정에서 자아존중감이 증가한다. 노인을 위한 심리 치료와 복지 서비스가 많이 마련되고 있지만, 마음을 어루만지고 따뜻함을 느끼게 할 방안은 여전히 부족한 실정이다. 교감이 가능하고 따뜻한 체온을 지닌 반려동물을 적극적으로 활용한다면, 우울감 증가와 자아존중감 저하로 발생하는 여러 문제를 해결할 수 있다.

하지만 그 효과와 달리 실제로 이를 추진하는 것은 여전히 제자리걸음이다. 의료 기관에서는 동물교감치유를 위한 치료 도우미 동물 확보와 이를 위한 인력과 인프라 확보의 어려움, 인수공통전염병과 치료 도우미 동물을 사육하는 문제를 거론한다. 이런 문제의 대안으로 치료 도우미 동물을 대체할 장난감이나 로봇을 매개로 한 치료 활동을 연구하고 있다. 그러나 동물교감치유 효과에 관한 연구 검증이 나오고 있음에도, 이를 위한 관계 기관의 논의가 이루어지지 않아 아쉬움을 낳는다.

1인 가구를 위한 '사회적 돌봄'

중앙치매센터의 치매 현황 정보 '치매 오늘은'에 따르면 2020년 기준 65세 이상 노인 인구 771만 명 중 치매 추정 환자가 76만 명을 넘어섰으며, 전체 추정 치매 유병률은 10.3퍼센트를 기록했다. 이는 노인 10명 중 1명이 치매를 앓고 있다는 말이다. 65세 이상 노인 1인 가구(2018년 기준)에 이 수치를 대입해보면 거의 15만 명의 독거노인이 치매를 앓는 것으로 추정된다. 중앙치매센터는 치매 환자가 2024년에는 100만 명, 2039년에는 200만 명이 넘을 것으로 예상한다. 치매 위험도는 나이가 많을수록, 남성보다는 여성이, 고학력자보다는 저학력자가 높았다. 여성 노인은 남성 노인보다 치매 위험이 2.6배 높고, 사별·이혼·별거·미혼 등으로 배우자가 없는 경우 2.9배, 두부외상의 과거력이 있는 경우 3.8배, 우울증을 앓는 경우 2.7배가량 치매 위험이 높다. 반면 중강도 이상의 규칙적인 운동은 치매 위험을 0.3배 낮추는 것으로 나타났다.

치매는 환자만의 문제가 아니며 가족의 부담과 사회적 비용도 막대하다. 우리나라는 전통적으로 효 사상의 영향을 받아왔고 치매 노인을 위한 사회복지정책이나 제도가 아직 미흡한 상태여서 대부분 가족 구성원이 치매 환자의 부양자 역할을 한다. 실제로 치매 고령자가 가족과 같이 사는 비율이 매우 높다. 치매 환자 보호자는 높은 정도의 스트레스와 삶의 질 저하를 느끼며 의료 서비스 이용과 정신과 처방 약물 복용도 증가한 것으로 나타났다.

연령대별 1인 가구 구성비를 보면 70세 이상에서 1인 가구 비율이 가장 높아 이를 고려한 치매 돌봄 정책의 수립도 점차 중요해지는 실정이다. 유럽은 공동주택과 임대주택 공급 지원을 통한 주거 안정을 바탕으로 고령의 1인 가구가 지역 공동체에 적응하도록 정책을 펼치고 있다. 더불어 1인 가구 주거수당 지원을 통해 경제적 안정을 지원하고 다양한 형태의 사회적 돌봄으로 외로움을 방지하려 한다.

우리나라는 2008년 처음 치매와의 전쟁을 선포한 뒤 2010년 치매관리법을 제정했으며, 2017년부터는 치매국가책임제를 시행하고 있다. 이후 전국에 256개 치매안심센터를 설치했으며, 중증 치매 환자를 위한 치매안심병원을 확대 중이다. 우리나라도 치매 예방과 조기 진단, 치료 등 치매 전반에 관심이 높아지면서 관련법과 제도 등을 개선 중이나 환자의 인권과 치매 환자 가족에 대한 제도적 지원은 여전히 부족하다. 정부는 취약 1인 가구 안전망 강화를 위해 기초생활보장제도 종합계획을 수립할 예정이라고 밝혔다. 또 공유주택 활성화, 여성 1인 가구 안전 강화, 노인 1인 가구 고독사 방지 노력도 추진한다. 하루에 단시간 (20~30분간) 수시로 방문하는 24시간 순회 돌봄 서비스를 도입하고, 치매 핵심 고위험군인 독거노인에게는 조기 검진 서비스도 확대하기로 했다. 이런 문제를 개선하기 위해서는 '노인 친화적 사회'로 나아가며 의료 측면과 복지 측면을 모두 고려해 사회적 안전망을 형성하는 방법을 찾아나가야 할 것이다.

/ 장우진

참고 자료

후지모리 가츠히코, 『1인 가구 사회』, 김수홍 옮김, 나남, 2018 | 유재언, 「치매관리정책의 현황과 향후 과제」, 《보건복지포럼》, 2019년10월 | 「2020년 달라지는 치매 정책… "제도 세부 보완에 초점"」, 《디멘시아뉴스》, 2019년 12월 31일 | 「동물매개치료란 무엇인가?」, 《데일리벳》, 2014년 11월 22일 | 「동물매개치료의 역사와 국내외 현황」, 《데일리벳》, 2014년 12월 22일 | 「동물매개치료의 효과」, 《데일리벳》, 2015년 1월 13일 | 「노인 대상 동물매개치료의 효과」, 《데일리벳》, 2015년 3월 16일

동물매개치료사 — 반려동물매개심리상담사

동물매개치료사는 몸과 마음에 상처가 있는 사람이 개, 고양이, 말, 새, 돌고래 등 도우미 동물과 상호작용을 하며 정신적·신체적·사회적 기능을 회복하고 심신의 재활 등을 하도록 돕는 일을 한다. 치유 대상은 우울증이나 대인관계에 어려움을 느끼는 사람부터 장애인, 노인, ADHD 환자, 치매 환자까지 매우 다양하다.

동물매개치료는 동물과의 가벼운 접촉에서부터 동물 사육과 훈련 같은 복잡한 과정까지 포함한다. 동물매개치료사는 내담자 치료 중 적절한 시기에 동물을 조심스럽게 참여시켜 상호작용이 이루어지는 동안 동물을 관리하고 감독한다. 치료 목표에 따라 동물은 내담자에게 신체적 접촉과 애정을 제공해 불안 문제를 완화해준다. 치료사는 치료 시간 동안 동물이 지나치게 자극받지 않도록 주의하며 적절히 쉴 수 있도록 휴식을 보장하고 제공해야 한다. 사람만이 아니라 동물 역시 교감을 통해 즐거워할 수 있도록 프로그램을 구성하는 것이 중요하다. 또 도우미 동물을 선별해 훈련시키고 테스트를 통해 동물이 치료 현장에서 활동할 수 있도록 육성하는 역할을 한다.

이 분야에서 활동하는 데 전공 제한이 있는 것은 아니지만 대학의 동물 관련 학과(동물매개재활과, 애완동물과, 동물자원학과 등)를 나왔거나 사회복지학, 심리학, 특수교육학, 교육학 등을 전공하면 유리하다. 단일 인증기관은 없으나 한국동물매개심리치료학회 등 관련 협회나 동물매개치유센터에서 인력 양성 프로그램을 운영하고 있으며, 협회에서 인증하는 민간자격을 취득해 동물매개심리상담사로 활동할 수 있다.

죽기 위해 떠난 사람

죽음도
결국 내 삶
내 선택이다.

존엄한 죽음을 위한 마지막 여행

104세가 되던 해, 긴 여행을 떠난 사람이 있다. 호주의 최고령 생태학자 데이비드 구달 박사. 그는 안락사가 금지된 고국을 떠나 스위스로 향했다. 의료진의 도움을 받아 그가 직접 계획한 마지막 여행은 '죽음'.

치명적 질환이나 극심한 통증이 없었음에도 그는 "지금보다 건강이 나빠지면 불행해질 것 같다. 진짜 슬픈 것은 죽고 싶어도 죽지 못하는 것이다"라며 안락사를 선택했다. 그의 죽음은 불치병이 아닌 고령을 이유로 안락사를 선택한 세계 최초의 사례다.

평생을 숲속에서 자연과 환경을 연구한 생태학자.
그는 66세가 되어 대학에서 퇴직한 후에도 오지를 헤매며
연구를 계속 이어갔다. 그러나 84세에 "앞으로는 운전하실
수 없습니다"라는 통보를 받는다. 98세에 "시력이 많이
떨어지셨네요"라는 말을 의사에게 듣지 않았어도 누구보다
자기 스스로 하루가 다르게 노쇠해간다는 사실을 알았다.

그리고 104세에는 집에서 넘어진 후 이틀 낮 이틀 밤을 혼자
일어서지 못했다. 100세까지 논문을 발표하며 왕성하게
활동했지만, 이제 그는 온종일 집 안에 앉아 있는 것 말고는
아무것도 할 수 없었다.
"다시 한 번 내 발로 숲속을 걸어볼 수 있다면!"
그의 마지막 바람은 실현될 수 없었다. 삶의 마지막을
계획하며 그는 "나는 우울하지도 참담하지도 않다"고
말했다.

104세가 되던 2018년 5월 10일.
생의 마지막 순간, 데이비드 구달 박사는 가족에 둘러싸여
베토벤 교향곡 9번 4악장 〈환희의 송가〉를 들으며 치사량의
약물이 든 주사 밸브를 자기 손으로 열었다.

조력자살:
존엄한 죽음을 위한 선택

데이비드 구달 박사의 선택은 초고령화 시대에 품위 있게 죽을 권리에 대한 논란을 불러일으켰다. 그는 죽기 전 언론과의 인터뷰에서 "이 나이까지 살게 된 것을 매우 후회한다. 죽는다는 게 특별히 슬픈 일은 아니다. 진짜 슬픈 일은 죽고 싶은데 그러지 못하는 것이다. 노인들이 조력자살권을 포함한 완전한 형태의 시민권을 누려야 한다"고 말하며 존엄하게 죽을 권리를 주장했다. '조력자살'은 회복 가능성 없이 고통에 시달리는 환자를 돕기 위한 것으로, 타인이 독극물을 주입하는 방식이 아니라 환자가 자발적으로 치사량의 약물을 복용하거나 주사하는 것을 말한다. 구달 박사는 20년 동안 안락사 합법화를 지지하는 비영리 단체 '엑시트인터내셔널Exit International'의 회원이었다. 국제적으로 조력자살을 돕는 단체로는 엑시트인터내셔널 외에도 '디그니타스Dignitas'나 '이터널스피릿Eternal Spirit' 등이 있다. 스위스에서는 조력자살을 죽음의 자기결정권을 돕기 위한 인도적 차원의 봉사로 이해해 이들 비영리기관의 활동은 합법이며, 외국인에게도 조력자살을 허용한다. 그러나 어떤 의학적 방법으로도 도움받을 수 없는 말기 환자라는 점과 환자의 자발적 동의가 필요하다는 전제를 두고 있다.

2016년과 2018년 한국인 2명도 스위스에서 조력자살로 생을 마감했다. 조력자살을 돕는 이들 단체는 회원제로 운영되는데, 이들 단체에 가입한 한국인이 100여 명이 넘는 것으로 보고되었다. 조력자살 과정에서 자살 유도 약물은 스위스 의사의 처방을 거쳐야 하며, 시술은 병원이 아닌 민간 저택이나 아파트에서 이루어진다. 의사나 간호사도 없고 수술대나 기구 등 의료 장비도 없다. 디그니타스에 따르면 비용은 장례 포함 1,000~1,400만 원 정도라고 한다. 한때 스위스에서의 조력자살에 큰 관심이 쏠리며 한국 젊은층에서 '스위스 안락사 2,000만 원'이라는 말이 SNS에서 유행처럼 번지기도 했다. 이는 죽음을 생각하기에는 이른 연령층에서도 노년에 경제적·정신적·육체적 고통을 겪게 된다면 안락사를 위해 '원정'까지 고민하는 사람들이 늘고 있음을 보여준다.

대부분의 나라에서 조력자살이나 안락사는 불법이다. 스위스에서도 적극적 안락사는 불법이다. ▶조력자살이 의료진으로부터 약물을 처방받아 '스스로' 목숨을 끊는 경우라면 ▶적극적 안락사는 고통받는 환자에게 타인이 약물 등을 투입해 인위적으로 죽음을 앞당기는 경우를 말한다. 그리고 ▶소극적 안락사는 환자가 회복이 불가능해 생명 연장 치료가 의미가 없는 상태에서 생명 유지에 필수적인 영양 공급이나 약물 투여 등을 중단해 환자를 죽음에 이르게 한다. 이는 소생 가능성이 없는 환자가 단순히 생명을 연장하는 연명치료를 거부해 '품위 있게' 생을 마감한다는 의미에서 '존엄사'와 의미를 공유하기도 한다. '안락사'와 '존엄사'는 가끔 혼동되지만 엄연히 다르다. 존엄사가 '자연스러운 죽음'에 가깝다면, 안락사는 고통을 멈추기 위해 '의도적인 죽음'을 유도한다는 점에서 찬반양론이 분분한 상황이다. 현재 우리나라는 안락사와 조력자살 모두 불법이다. 그러나 죽음의 자기 결정권을 주장하는 목소리가 국내외에서 갈수록 높아져가는 상황에서 안락사에 대한 사회적 논의가 필요해 보인다.

웰다잉법:
연명의료 결정에 관한 법

우리나라에서 가능한 '안락사'는 연명치료 중단의 형태, 즉 소극적 안락사다. 2018년 2월부터 소생 가능성이 없는 환자가 자신의 결정이나 가족의 동의에 따라 연명치료를 거부할 수 있는 '호스피스 의료 및 임종 과정에 있는 환자의 연명의료 결정에 관한 법', 일명 웰다잉 Well-dying법이 시행되었다. 웰다잉법은 연명치료 여부를 본인이 결정할 수 있도록 해 '품위 있는 죽음'을 위한 최소한의 기회를 마련했다.

2017년 한국인 사망자 28만 5,000명 가운데 집에서 임종을 맞이한 사람은 4만 1,000명(14.4퍼센트)에 불과한 데 비해, 병원에서 숨을 거둔 사람은 21만 7,000명(76.2퍼센트)에 달한다. 병원에서 사망하는 이들 가운데 상당수는 소생 가능성이 매우 낮은 상황에서도 생명연장을 위해 다양한 시술과 처치를 받으며 남은 시간의 대부분을 보낸다. 생명을 연장하는 연명의료 기술의 발달과 함께 이제 어디까지 치료해야 하는가 하는 새로운 문제가 등장했다.

말기 환자들이 죽음보다 두려워하는 것은 통증이다. 지속적인 통증은 삶을 붕괴시키고 견디다 못해 스스로 목숨을 끊게 만들기도 한다. '호스피스'는 말기 상태에서 극심한 통증을 겪는 환자에게 불필요한 의료 행위를 배제하는 대신 통증 완화에 집중하면서 정신적 돌봄을 제공하는 서비스다. 우리나라의 경우 아직은 많은 사람이 병원에 의존할 수밖에 없는 상황이지만, 선진화한 호스피스가 마련된 국가 대부분은 의료진과 사회복지사 그리고 봉사자가 왕진을 가는 형태의 가정형 호스피스가 주축을 이룬다.

연명의료결정법이 도입되고 2년여가 지나면서 안락사를 찬성하는 목소리가 한층 높아지고 있다. 2019년 한 여론조사(《서울신문》과 비영리공공조사네트워크 '공공의창'이 리서치기관 '조원씨앤아이'에 의뢰해 전국 성인 남녀 1,000명을 대상으로 2019년 2월 조사)에 따르면 10명 중 8명이 안락사 허용을 찬성한다. 안락사 허용 시기에 대해서는 진통제로 고통을 막을 수 없을 때(48.5퍼센트)라고 답한 이들이 가장 많았고, 안락사를 찬성하는 이유로는 '죽음 선택도 인간의 권리'(52.0퍼센트)라는 응답이 가장 많았다. 그러나 우리나라와 같이 사회적 돌봄이 충분하지 않은 환경에서 안락사를 허용하면 자칫 치료받을 돈이 없거나 다른 대안이 없는 사람에게 죽음을 선택하게 만들 수도 있다.

영국은 정부 주도로 2008년부터 '생애 말기 돌봄 전략'을 개발했다. 목표는 국민이 보다 '좋은 죽음Good Death'을 맞게 하는 것이다. 좋은 죽음이란 ▶통증 등 괴로운 증상이 없고 ▶친숙한 환경에서 ▶사랑하는 사람들과 함께하면서 ▶한 사람으로 존중받으며 임종하는 것이다.

디그니타스의 회원이 되고 나서 조력자살을 실행에 옮기는 사람은 3퍼센트에 불과하다고 한다. 사람들은 죽음을 미리 계획해

두는 것만으로도 위안을 받는 것이다. 우리에게는 자신의 삶을 선택하고 결정할 수 있는 '자기결정권'이 있다. 자기결정권에 따르면 존엄한 죽음을 선택할 기회 또한 주어져야 하지 않을까. 죽음도 결국 내 삶이고 내 선택이다.

/ 장우진

참고 자료

하시다 스가코, 『나답게 살다 나답게 죽고 싶다』, 김정환 옮김, 21세기북스, 2018 | 「국민 81% "안락사 도입 찬성"」, 《서울신문》, 2019년 3월 8일 | 「'안락사'와 '존엄사' 차이점은… 한국도 가능?」, 《머니투데이》, 2015년 3월 27일 | 「안락사 택한 104세 호주 과학자, 베토벤 교향곡 들으며 잠들다」, 《중앙일보》, 2018년 5월 10일 | 「104세 호주 과학자가 스위스 여행을 떠난 이유는 특별하다」, 《허프포스트코리아》, 2018년 5월 2일 | 「"사는 게 너무 힘들어요" 원정 안락사 떠나는 사람들」, 《일요서울》, 2017년 3월 17일 | 「데이빗 구달(David Gudal)의 죽음」, 《한국일보》, 2018년 6월 21일

연명의료계획서와 사전연명의료의향서

연명의료결정법에서 환자가 연명의료에 자기 의견을 표현할 수 있는 방법으로는 '연명의료계획서'와 '사전연명의료의향서'가 있다.

연명의료계획서란 말기 환자 혹은 임종 과정에 있는 환자의 의사에 따라서 담당의사가 환자에 대한 연명의료 중단 결정이나 호스피스에 관한 사항을 계획해 문서로 작성한 것을 말한다. 이 계획서를 작성한 말기 환자의 임종 과정이라면 추가적인 확인 절차 없이 연명의료 중단을 바로 결정할 수 있다.

사전연명의료의향서는 미래에 자신이 의사 결정을 내리지 못할 때를 대비해 미리 자신이 어떤 치료를 원하는지 밝혀놓는 문서다. 사전연명의료의향서는 만 19세 이상 성인이라면 누구나 작성할 수 있다. 국립연명의료관리기관 홈페이지에서 자신이 거주하는 지역별 등록기관을 검색해 신분증을 지참하고 방문하면 된다. 등록 후에는 원하는 주소지로 등록증이 배달된다. 작성한 문서는 국가연명의료 정보처리시스템에서 관리하며 작성한 사람이 임종기가 되어 연명의료 결정이 필요할 때, 어떤 의료기관에서든지 국가 데이터베이스에서 문서를 찾아 작성자의 뜻을 존중할 수 있다. 물론 마음이 바뀌면 언제든지 변경과 철회가 가능하다.

안아줄 수밖에

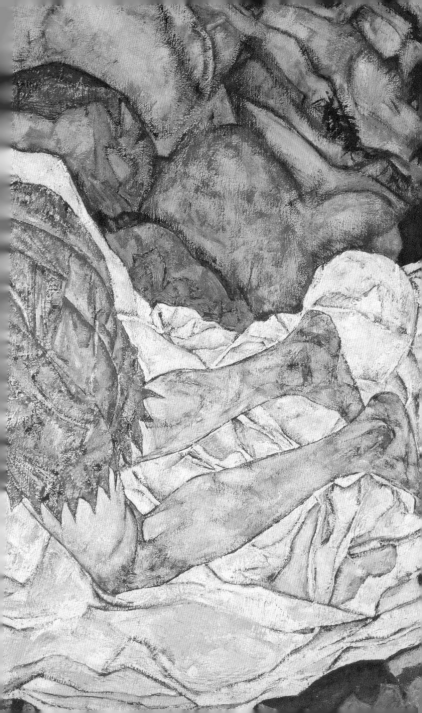

사람들은 누구나
자신이 온전히
이해받을 수 없다고
생각해요.

그럴 때
할 수 있는 건
그냥 한 번
안아주는 거죠.

혼자여도 괜찮은 시대에 혼자서는 할 수 없는 일

아이를 똑똑하고 건강하게 키우고 싶을 때, 불면증 때문에
괴로울 때, 다이어트가 필요할 때, 누군가와 말이 통하지 않을
때, 우리가 할 수 있는 건…… 그저 안아주는 것.

2004년 오랜만에 고향에 돌아온 청년은 가족도 친구도 없는
낯선 곳이 되어버린 장소에서 피켓을 들고 인파 속을 걸었다.
15분이 지난 후 한 할머니가 다가와 말했다.
"오늘 아침에 그동안 정들었던 개가 죽었다네.
1년 전에는 하나뿐인 딸이 교통사고로 내 곁을 떠났지.
지금 나는…… 세상에서 가장 외롭다네."

청년 후안Juan Mann이 들고 있던 피켓에는 '프리허그FREE
HUGS'라고 적혀 있었다. 그는 할머니를 꼭 안아주었다.
"사람들은 누구나 자신이 온전히 이해받을 수 없다고
생각해요. 그럴 때 할 수 있는 건 그냥 한 번 안아주는 거죠."

포옹의 순간 뇌하수체에서 옥시토신이 방출되면서
심장박동수, 스트레스 호르몬, 배고픔, 불안이 점점 줄어든다.
반대로 뇌기능, 면역력, 자존감, 공감력이 높아진다.

1인 가구, 1인 방송, 나 홀로 여행…….
혼자여도 괜찮은 시대에 혼자서는 할 수 없는 일.
"그동안 고생 많았지", "네가 정말 자랑스러워", "우리가
드디어 만났네요", "당신을 응원해요!", "괜찮아",
"이해해줘서 고마워요", "당신에게 신의 축복이 있기를",
"내 사랑하는 아가야" 포옹으로 대신 전하는 수많은 말.

말보다 더 많은 것을 전하는 응원의 접촉.
네가 추울 때, 슬플 때, 기쁠 때, 그런 눈으로 바라보면
안아줄 수밖에.

프리허그 캠페인:
포옹, 접촉으로 전하는 응원의 메시지 "아픈가요? 안아드릴게요"

프리허그 캠페인은 'FREE HUGS'(공짜로 안아드려요) 피켓을 들고 아무 대가 없이 지나가는 사람들과 포옹하고 사랑과 기쁨의 정을 나누는 행위다. 이 운동은 한때 인터넷을 타고 전 세계적으로 열풍을 불러일으키기도 했다. 2004년 후안 만이라는 청년은 시드니 공항에 내렸을 때 마중 나온 많은 가족이 서로 웃으며 안아주는, 행복해 보이는 장면을 목격했다. 그러나 그 순간 자신은 고향으로 돌아왔지만 마중 나온 사람 하나 없는 쓸쓸한 이방인이라는 사실을 깨닫는다. 그리고 'FREE HUGS'라고 쓴 피켓을 들고 인파 속으로 걸어 들어갔다.

처음 피켓을 들고 낯선 행인과 포옹하겠다고 했을 때 그는 정신병자 취급을 당했다. 그러나 이 청년과 껴안은 사람들은 곧 '포옹의 매력에 빠져들었고, 체온과 체온이 전달되는 포옹의 정을 나누면서 자연스럽게 동참자가 되어갔다. 한때 경찰과 시 당국이 그가 프리허그 캠페인을 벌이는 것을 금지하려 하자 1만 명이 넘는 시민들이 탄원을 보내 막아주었다.

어느 날 후안의 친구 사이먼 무어는 그의 행동을 전 세계에 알리고 싶다고 생각한다. 지역 밴드의 보컬리스트였던 무어는 자신이 직접 연주한 〈All the Same〉이라는 배경음악과 함께 친구의 포옹 장면을 캠코더로 찍어 유튜브에 올렸다. 이 3분 40초짜리 동영상에 전 세계 네티즌이 열광했다. 유튜브에서만 수백만 페이지뷰를 기록했고 또 다른 '후안'들이 곳곳에서 등장했으며, 공식 홈페이지(freehugscampaign.org)까지 탄생했다.

프리허그는 후안의 유튜브 동영상으로 전 세계에 확산되었지만, 사실 후안보다 3년여 앞선 2001년 제이슨 헌터가 평소 "자기가 중요한 사람이라는 것을 모든 사람이 알게 하자"는 가르침을 주던 어머니의 죽음에서 영감을 받아 최초로 시작했다고 알려져 있다. 그는 프리허그닷컴(free-hugs.com)을 설립해 'Free Hugs'라는 로고를 새긴 옷을 제작해 판매하기도 했다.

'FREE HUGS' 피켓을 들고 거리에 나서려면 엄청난 용기가 필요하다. 사람들의 차가운 시선과 함께 경비원에게 쫓겨나기 일쑤고 정신병자로 몰리기도 한다. 그러나 포옹을 하고 나면 대부분이 "정말 감동적이었고 눈물이 났다"고 말한다. 후안은 "삶은 누구에게나 힘든 법이다. 사람들은 자신이 안고 있는 문제는 그 누구의 것과도 비교할 수 없다고 생각한다. 그런 그들을 그저 한 번 따뜻하게 안아주면서 웃고 행복해하는 모습을 보고 싶었다"고 말했다.

접촉의 효과:
포옹을 하면 건강해지는 이유

촉각은 엄마 배 속에서부터 발달하는 첫 번째 감각일 뿐만 아니라 죽음 직전까지 남는 마지막 감각이기도 하다. 태아는 자궁 안에서 접촉에 반응하며 자신을 둘러싼 압력을 느끼고, 자궁을 힘껏 밀어내면서 사방으로 감싸여 보호받는 느낌을 받는다. 학자들은 포옹을 통한 긴장 완화 효과를 이런 과거의 경험에서 유래하는 것으로 추측하기도 한다.

우리는 삶의 모든 단계에서 접촉에 의지한다. 신생아와 어린 아이는 만져주지 않으면 제대로 자라지 못한다. 마이애미에 있는 터치연구소에서 예정보다 일찍 태어난 조산 쌍둥이가 서로 껴안고 나란히 누워 있을 때 훨씬 빠르게 발육한다는 사실을 관찰했다. 접촉은 면역계 형성에 중요한 역할을 하는데 접촉이 없으면 면역력이 약해져 쉽게 병에 걸린다. 아이는 누군가가 자신을 다독이고 어루만지며 다정히 껴안아준 경험을 통해 다른 사람을 다독이고 어루만지고 사랑하는 법을 익힌다. 청소년과 성인 역시 타인과의 접촉에 절대적으로 의존한다. 접촉이 없으면 우리는 모든 사물과 사람들로부터 배제되었다는 비참한 감정을 느끼며, 기분 좋은 접촉은 특별한 친밀감과 연대감, 애정과 격려의 표현으로 받아들인다.

그러나 디지털 시대에 우리는 미각·후각·촉각 같은 '근접감각'에서 벗어나 시각·청각 같은 '원격감각'에 길들여지고 있다. 인터넷망을 통해 수만 명이 소식을 주고받으며 연결된 '초연결Hyper Connectivity' 사회에서 '소통 과잉'은 역설적으로 '접촉의 부재'라는 부작용을 낳았다. 현대인들은 외로움과 고립감을 호소하면서도 밀접한 관계를 유지하는 것을 고통스럽게 여기는 '고슴도치 딜레마'에 빠져 있다. 고슴도치 딜레마는 서로가 친밀해지고 싶으면서도 동시에 멀어지고자 하는 욕구, 즉 모순된 심리 상태를 말한다. 개인주의 성향이 강해지면서 깊은 관계 맺기를 꺼리는 것은 누군가에게 상처받을까 두려워 다가가지 못하는 마음을 대변하기도 한다.

오랜만에 가까웠던 친구를 만나면 기꺼운 마음으로 상대방을 껴안는다. 또 사랑하는 커플은 서로 다정하게 애무하며 끌어안는다. 사랑하는 사람과의 포옹은 체내 신경전달물질인 세로토닌 수치를 높여 기분을 개선하는 데 도움을 준다. 포옹은 모성 행동을 이끄는 옥시토신의 분비를 촉진해 헌신과 신뢰감이 충만하도록 만들어준다고 알려져 있다. 또 포옹하고 있는 사람은 그렇지 않은 사람보다 심장박동수가 안정적이다. 국제의학학술지인

《심리과학저널》에는 포옹이 심리적 불안, 공포, 두려움을 완화하는 데 탁월한 작용을 한다는 연구가 게재된 바 있다. 미국 오하이오주립대학교 연구진은 나이가 들수록 상대적 박탈감과 이로써 유발되는 우울증을 잦은 '포옹'을 통해 예방할 수 있다고 말한다. 최근의 심리 연구에 따르면 포옹하는 순간 급성 스트레스에 반응해 분비되는 물질인 '코르티솔'이 현저히 감소하는 것으로 나타나 포옹이 스트레스를 줄여주는 데 큰 역할을 한다는 사실을 밝혀냈다. 피부는 2제곱미터에 이르는, 신체에서 가장 큰 기관이다. 외부와 내부의 영향에 민감하게 반응하는 피부는 거대한 안테나다. 그리고 무엇보다 사랑을 존속시키는 정신의 기관이다. 인간애는 만지고 쓰다듬고 껴안는 체험, 즉 온기를 직접 주고받는 접촉을 통해 싹튼다.

/ 장우진

참고 자료

애슐리 몬터규, 『터칭』, 최로미 옮김, 글항아리, 2017 | 베르너 바르텐스, 『접촉』, 김종인 옮김, 황소자리, 2016 | 「프리허그(Free Hugs)를 아시나요」, 《크리스찬투데이》, 2007년 2월 23일 | 「유튜브상 수상 "프리 허그"… 영혼의 완벽한 아름다움」, 《한겨레신문》, 2007년 3월 28일 | 「'안아주세요 운동' 초스피드로 지구촌 확산」, 《한겨레신문》, 2006년 10월 13일

'안아주는' 미래 유망 직업

1인 가구가 늘면서 신체적 정신적으로 외로운 이들을 위해 '안아주는' 미래 직업들이 새롭게 부상하고 있다.

최근 미국에서는 '포옹 서비스'를 이용하는 고객이 크게 늘었다. '포옹'을 전문적으로 하는 '커들리스트 Cuddlist'는 의뢰가 오면 고객을 직접 방문해 따뜻한 포옹과 함께 위로를 건네는 일을 한다. 전문 교육 과정을 수료한 포옹 전문가들은 가벼운 포옹에서부터 꼭 끌어안기, 안고 오랫동안 앉거나 누워 있기, 포옹한 상태로 가벼운 대화하기, 껴안고 가볍게 어루만지기 등 포옹과 관련한 다양한 서비스를 제공한다. 물론 포옹을 넘어서는 성적 접촉은 금지된다. 미국에는 10여 곳의 커들리스트 업체가 있으며 예약자 수가 수천 명에 이르고, 스마트폰 앱을 통해 더욱 활성화되고 있다.

또 미국에는 외로운 사람들과 함께 산책해주는 서비스를 제공하는 '피플 워커 People Walker'라는 회사도 있다. 무명배우였던 척 매카시가 우연히 떠오른 아이디어로 시작한 일이 반응이 좋아 현재는 35명의 직원이 일하는 회사로 성장했다. 가장 중요한 것은 산책할 때 고객과 나눈 대화 내용을 발설하지 않는다는 원칙이며, 고객이 늘어나면서 피플 워커를 직업으로 삼는 사람들도 많아지는 추세다.

어디로 가고 있나요?

ON AIR 1부 20200120 / 2부 20200210

단순하지만 우리는 잊고 살아간다.
어딘가로 향해 가는 것
그 자체만으로도 충분하다는 걸.

인생에서 가장 중요한 것은 무엇일까요?
— 가장 중요한 것은 우리 안에 있다고 생각해요.

앞으로 계획이 있나요?
— 글쎄요, 앞으로 전진해야겠죠.
삶은 닥치는 대로 해결해야 하니까요.
그러니까 순간을 즐기고
어떻게 될지 지켜보는 거죠.

기대한 대로 진행되지는 않지만
우리는 앞으로 나아갈 수밖에 없다.

저마다의 삶에서
미래를 만드는 사람들.
매일 그들 앞에 펼쳐질
낯선 풍경.

당신은 지금
어디로
가고 있나요?

그림과 사진 출처

43쪽 Paula Modersohn-Becker, 〈Selfportrait at 6th wedding anniversary〉
80~81쪽 Ferdinand Hodler, 〈Floraison〉 | 93쪽 Jan Toorop, 〈Women at the Sea〉
116~117쪽 Sorbis/Shutterstock.com | 128~129쪽 hssa/Shutterstock.com
145쪽 DELBO ANDREA/Shutterstock.com | 162~163쪽 Shalaco/Shutterstock.com
175쪽 David Tran Photo/Shutterstock.com | 238쪽 Francis Picabia, 〈Untitled(Match-Woman I)〉
265쪽 Paula Modersohn-Becker, 〈Cat Held by a Child〉
288~289쪽 Egon Schiele, 〈Death and the Maiden〉

지식채널ⓔ

1인용 인생계획

1판 1쇄 발행 2020년 9월 30일
1판 2쇄 발행 2020년 10월 15일

지은이 지식채널ⓔ 제작팀
해설 글 장우진 정희정

펴낸이 김명중
콘텐츠기획센터장 류재호 | 북&렉처프로젝트팀장 유규오
북팀 김현우 장효순 | 마케팅 김효정

책임편집 박민주 | 디자인 박대성 | 인쇄 SJC성전

펴낸곳 한국교육방송공사(EBS)
출판신고 2001년 1월 8일 제2017-000193호
주소 경기도 고양시 일산동구 한류월드로 281 | 대표전화 1588-1580
홈페이지 www.ebs.co.kr

ISBN 978-89-547-5417-0 04300
ISBN 978-89-547-5415-6 (세트)

이 도서의 국립중앙도서관 출판예정도서목록(CIP)은 서지정보유통지원시스템 홈페이지와 국가자료
공동목록시스템에서 이용하실 수 있습니다. (CIP제어번호: CIP2020040632)